LES SEPT SACREMENTS

DE LA MÊME AUTEURE

Bourgeons de prières, Fides, 1994, 80 p.

Papa, maman, dis-moi, deuxième édition, Fides, 1994, 178 p.

Prières en gerbes, Fides, 1993, 168 p.

Noël pour le monde, Fides, 1992, 64 p.

Lumière pour le monde, l'Église de Jésus Christ, Fides, 1992, 48 p.

Jésus, venu en notre monde, je crois en toi, Fides, 1986, 48 p.

Fleurs de prières, Éditions Paulines, 1985, 104 p. (épuisé)

Le baptême, une initiation? Éditions Paulines et Éditions du Cerf, Montréal et Paris, 1984, 304 p.

Denise Lamarche

LES SEPT SACREMENTS

Guide de réflexion et d'animation

FIDES

«Pour que vive la vie»,
que ce livre soit imprimé — *imprimatur* —
et qu'il serve à l'intelligence
et à la croissance de la foi.

† Jacques Berthelet, c.s.v.
Évêque auxiliaire
à Saint-Jean-Longueuil
le 31 mars 1996.

Données de catalogage avant publication

Lamarche, Denise
Les sept sacrements: guide de réflexion et d'animation
Comprend des réf. bibliogr.

ISBN 2-7621-1874-3

1. Sacrements – Église catholique.
2. Vie chrétienne.
I. Titre
BX2200.L35 1996 264'02091 C96-940461-1

Dépôt légal: 2e trimestre 1996
Bibliothèque nationale du Québec

Les Éditions Fides bénéficient de l'appui du Conseil des Arts du Canada
et du ministère de la Culture du Québec.

À Monseigneur Bernard Hubert
dont la vie en Église
a été sacrement pour le monde.
En la fête de la Présentation
de Jésus au Temple,
après avoir guidé le peuple des baptisés
sur les voies de l'espérance,
il a accompli sa pâque
redisant en sa mort
le oui ultime de son baptême.

Introduction

À travers tous les sacrements l'action de Dieu, différenciée, est fondamentalement la même: c'est toujours la puissance de l'Esprit ressuscitant Jésus Christ qui agit.

P. Talec

Pour que vive la vie! Pour qu'éclate la vie! Pour que ressuscite la vie! Voilà bien, jaillies du cœur de celles et ceux qui désirent s'engager en Église, des motivations à leur engagement. Et cela fait écho à la parole que Jean met dans la bouche de Jésus: «Moi, je suis venu pour qu'on ait la vie et qu'on l'ait surabondante.» (10,10)

Tout au long de sa vie terrestre, Jésus, en fidélité au Dieu vivant, a apporté la vie au monde. Il était sacrement de Dieu en terre humaine. Il l'était parce qu'en lui des femmes et des hommes rencontraient Dieu. «Qui m'a vu a vu le Père» (*Jn* 14,9), pouvait-il dire en toute vérité. Il l'était parce qu'il agissait à la manière de Dieu réalisant le projet divin de salut qu'il était venu révéler. En Jésus de Nazareth, Dieu rejoignait la personne et l'invitait à la communion avec lui. Ni les foules, ni les disciples, ni même les apôtres n'avaient besoin d'autres symboles pour vivre leur relation à Dieu.

Jésus était, en quelque sorte, ce symbole, ce lien qui leur permettait d'y consentir et de l'approfondir. Il était celui qui faisait passer de ce monde au Père tout au long de l'existence en attendant la Pâque ultime, celle qu'il allait vivre lui-même en sa mort et en sa résurrection.

Rencontre, *symbole*, *pâque*: voilà bien ce que sont les sacrements. Jésus, n'étant plus visible sur la terre, y est partout présent et agissant parce qu'il est ressuscité. Au milieu de son Église jusqu'à la fin des temps, selon sa promesse, il lui confie de continuer à dire ce qu'il disait et à agir comme il agissait afin que cette vie soit en perpétuelle croissance au cours des siècles et que le Royaume de justice et de paix qu'il était venu annoncer advienne sans cesse. L'Église est donnée au monde pour que ce dernier rencontre son Créateur, son Sauveur. Elle est plantée au milieu du monde comme un symbole, une jonction où se redit l'Alliance entre le Dieu de miséricorde et l'humanité en quête de cette miséricorde. Elle est un lieu de passage puisqu'elle n'est pas à elle-même sa propre fin mais qu'elle doit apprendre à ses membres à mettre leurs pas dans les pas du Christ, leur main dans sa main et leur cœur dans son cœur pour se laisser rejoindre par Dieu si désireux du bonheur de chaque personne, de chaque peuple.

Fidèle à la mission que lui confie son Seigneur, l'Église doit évangéliser le monde. Elle doit lui annoncer la Bonne Nouvelle qui enracine l'espérance, suscite la charité et appelle à la foi. Elle le fait de multiples manières, y compris en célébrant les sacrements et en proposant aux baptisés de vivre une vie qui soit elle-même sacrement pour le monde.

Dans les sacrements célébrés, les personnes et l'Église rencontrent Dieu. Elles le rencontrent pour redire de multiples façons leur acquiescement à l'Alliance dont toujours il prend l'initiative: «En Jésus Christ, tu es ma fille, mon fils; tu es envoyé en son nom; tu participes au repas de son corps et de son sang; tu es relevé de ton péché...» Et les sacrements qui informent la vie des chrétiennes et chrétiens produisent leur effet dans la totalité de l'existence humaine là où chacun doit gérer l'écart qui existe entre sa foi et celle de l'Église, entre son engagement et les appels que lui lancent l'Église et le monde.

On était habitué de dire des sacrements qu'ils étaient des «signes sensibles institués par le Christ pour donner la grâce». Cependant, il vaut mieux les considérer, les comprendre comme symboles. Car si le signe introduit à une réalité autre que lui-même, le symbole, lui, est véritablement ce qui joint, ce qui unit. Ainsi le pain eucharistique n'est pas que le signe qui dit la grâce d'être nourri de la vie de Dieu afin de devenir soi-même nourriture pour les autres. Il est lui-même le corps eucharistique du Christ reçu dans la communion de foi constituant son corps ecclésial. Parce qu'ils sont symboles, les sacrements sont chargés d'un triple mystère: celui de Dieu, celui de l'Église, celui de la personne. Et quand Dieu, l'Église et la personne passent l'un dans l'autre, la pâque s'accomplit.

Parce qu'ils commémorent, chacun à sa manière, l'événement de salut accompli dans l'histoire humaine; parce qu'ils démontrent l'action et la Parole de Dieu qui crée et recrée l'Église, le baptisé et le monde sauvés; parce qu'ils préfigurent ce salut qui est toujours «objet d'espérance», les sacrements sont aussi mémoire de la Pâque: ils sont passage du Seigneur dans la vie humaine pour que la vie humaine passe en Dieu.

Les sacrements, s'ils ne sont pas réduits aux seuls rites dans lesquels ils sont célébrés tout au cours de la vie, sont des lieux privilégiés d'évangélisation. Ils sont Bonne Nouvelle pour l'Église, pour la personne et pour le monde.

Le pari de ce livre est de présenter les sept sacrements célébrés en Église à tout adulte voulant réfléchir sur sa vie chrétienne et l'approfondir. Il les présente comme réponse du Seigneur aux aspirations des femmes, des hommes, des enfants quelle que soit leur situation de vie.

Chacun des chapitres évoque des faits concrets pouvant être touchés par un sacrement. Il cite des textes de l'Écriture et des documents conciliaires qui en favorisent la compréhension. Il en atteste le sens en répondant au pourquoi de sa célébration. Il rappelle l'agir de Dieu, de l'Église et de la personne baptisée en esquissant à la fois l'histoire du sacrement et en proposant une vocation spécifique à celle ou celui qui le célèbre. Il conduit enfin à la prière pour que ce sacrement ne se résume pas à un rite jadis accompli, mais qu'il soit un éveilleur constant de la vie des chrétiennes et chrétiens comme de l'Église tout entière. Car tous sont appelés à suivre le Christ sur les chemins du monde qui sont toujours chemins de Dieu.

Ce livre peut être lu et médité personnellement. Il peut aussi être utilisé par des petits groupes de partage de foi. Il peut encore l'être par des personnes dont la responsabilité est de favoriser la croissance de la foi dans les milieux populaires. Si sa lecture provoquait à la prière, à la contemplation mais aussi à l'engagement en Église pour qu'elle soit davantage mémoire évangélique de Jésus en notre monde, l'auteure en rendrait grâce à celui qui est venu pour que vive la vie.

POUR INITIER À LA VIE CHRÉTIENNE

LES SACREMENTS DE L'INITIATION

Le baptême
La confirmation
L'eucharistie

La parole
fait naître celui qui parle.
La naissance ne se trouve pas
dans un berceau: elle se fait...

J. DEBRUYNNE

De nos jours, pour être admis dans certains groupes, comme, par exemple, ceux des Chevaliers de Colomb et des Filles d'Isabelle, il faut subir une initiation. Et nous savons bien que, pour accéder au secret que connaissent les membres de ces groupes, il faut passer par un certain nombre d'épreuves à surmonter. Nous savons aussi que dans les sociétés dites primitives, en Afrique, en Océanie ou ailleurs, quand ils arrivent à la puberté, les jeunes garçons, parfois aussi les jeunes filles, passent par des rites qui les initient à la vie de la tribu et leur donnent accès à l'âge adulte.

Dès lors, l'idée que nous avons de l'initiation est celle d'un rituel de passage qui fait accéder à des connaissances, à des responsabilités, à des privilèges nouveaux. Une personne initiée est celle qui a réussi à traverser certaines épreuves, à assumer certaines brimades; elle est entrée dans un nouveau cercle de personnes dont elle connaît maintenant le secret; elle a les droits et les devoirs réservés aux membres de ce cercle.

Initier quelqu'un, c'est, en quelque sorte, le mettre au monde, le faire naître à un nouveau mode de penser, d'agir et d'être.

Cela est vrai de l'initiation chrétienne[1] que nous pourrions définir comme le processus de mise au monde d'une

---

1. Pour une étude plus complète de l'initiation chrétienne comparée aux initiations traditionnelles, voir D. Lamarche, *Le baptême, une initiation?*, Éditions Paulines et Éditions du Cerf. Voir aussi de la même auteure, «L'initiation chrétienne,

chrétienne ou d'un chrétien par la communauté ecclésiale qui, sous la puissance de l'Esprit Saint, l'oriente vers Jésus Christ, Seigneur ressuscité accordant sens à la vie et guidant vers le Père. Mais cela est vrai avec beaucoup de nuances. En effet, outre que les brimades soient inexistantes dans les rites initiatiques chrétiens, ces rites font entrer non pas dans un secret mais dans le mystère et, qui plus est, dans le mystère révélé comme étant le projet de salut réalisé par Jésus le Christ.

De plus, les rites initiatiques chrétiens sont loin d'être le tout de l'initiation. Celle-ci se fait aussi par l'évangélisation, la catéchèse et l'apprentissage de la vie chrétienne. Or on a souvent l'impression que dans la manière actuelle de procéder, on initie davantage aux sacrements[2] que par les sacrements. C'est bien dommage. Car si on initie au baptême, à la confirmation, à l'eucharistie plutôt qu'à la vie chrétienne, il ne faut pas s'étonner qu'une fois ces trois sacrements célébrés, on se croie une chrétienne arrivée, un chrétien ayant atteint le but poursuivi. C'est le piège qui se cache chaque fois que nous parlons d'initiation sacramentelle plutôt que d'initiation à la vie chrétienne par les sacrements.

Les sacrements du baptême, de la confirmation et de l'eucharistie sont d'abord et avant tout ordonnés à initier les personnes de tous âges qui veulent s'engager à la suite de Jésus, dans l'Église. Ces sacrements parlent d'un Dieu qui, en la mort et en la résurrection du Christ, appelle la personne à

---

une prophétie contemporaine», dans le collectif *L'initiation sacramentelle des enfants* (Étude de la politique de l'Église du Québec), Cahier d'études pastorales n° 3, Fides.

2. Le père P.M. Gy fait remonter l'expression «initiation chrétienne» à la fin du XIXe siècle. Cette expression est due à Mgr Duchesne dans *Les origines du culte chrétien*, (1889). Il y a de quoi en être surpris puisque, même sans la nommer ainsi, cette initiation se faisait depuis le début du christianisme. (*Cf.* P.M. Gy, *La notion chrétienne d'initiation*, La Maison Dieu, n° 132, p. 48)

participer, dans une même communion d'amour, d'espérance et de foi à la vie ecclésiale de celles et ceux qui se savent filles et fils de Dieu, sœurs et frères des humains. En même temps, ils parlent d'une Église qui leur révèle, à eux et au monde, le salut dont elle est et dont ils sont bénéficiaires. Parlant de cette Église, y adjoignant de nouveaux membres, ces sacrements la construisent comme toute tendue vers le Royaume annoncé par son Seigneur.

POUR LES INITIÉS EN LA FOI DE JÉSUS CHRIST

LE BAPTÊME

Tout pouvoir m'a été donné au ciel et sur la terre. Allez donc, de toutes les nations faites des disciples, les baptisant au nom du Père et du Fils et du Saint Esprit, et leur apprenant à observer tout ce que je vous ai prescrit. Et voici que je suis avec vous pour toujours jusqu'à la fin du monde.

Mt 28,19-20

LE SACREMENT QUI OUVRE UN AVENIR

■ Emmanuelle et David attendent leur premier enfant. Les futurs parents déclarent un jour à la marraine qu'ils ont déjà choisie: «Nous savons pourquoi il sera si important de faire baptiser notre enfant. Nous avons tant de difficulté à admettre que, lui donnant la vie, nous le condamnons, par le fait même, à mourir. Alors, nous voulons qu'il soit plongé dans la mort du Christ ressuscité pour qu'il ressuscite avec lui.»

■ Stéphane, un travailleur social de trente ans, demande le baptême. Au pasteur qui l'accueille, il confie: «Je ne peux accepter qu'il y ait tant de pauvreté et d'injustice dans la société. Je veux m'engager officiellement et avec d'autres à suivre Jésus qui a toujours pris le parti des personnes pauvres, exclues ou blessées par la vie.»

■ Une mère de neuf enfants devenus adultes demande le baptême. «C'est pour accomplir une promesse», dit-elle. Étonnée, la personne qui reçoit la demande la laisse s'expliquer:

— J'ai promis que si je revoyais mon fils cadet, je deviendrais chrétienne. Et je l'ai retrouvé.

— Vous êtes heureuse?

— Pas tout à fait. Mon fils a refusé de m'ouvrir la porte. Mais je sais où il est et je vais finir par rétablir la communion.

Ce dialogue fut le point de départ d'une première évangélisation ayant conduit cette femme au baptême. Elle était si émue de se faire révéler qu'étant à l'image et à la ressemblance de Dieu, elle agissait déjà comme lui qui cherche toujours ses enfants.

■ Quand des adultes se préparent au baptême, on les invite à choisir un nom chrétien. «Je voudrais m'appeler Véronique, dit une jeune femme vietnamienne, parce que je sais que ce nom signifie *vraie image*. Et j'ai, en tant que baptisée, à relever le défi de devenir chaque jour davantage la vraie image du Christ.»

Ces faits peuvent-ils nous aider à réfléchir sur l'aventure chrétienne

— dans notre vie personnelle?
— dans notre relation aux autres ?
— dans notre relation à Dieu?

Quelle place occupe le baptême dans notre expérience de vie?

Ignorez-vous que, baptisés dans le Christ Jésus, c'est dans sa mort que tous nous avons été baptisés? Nous avons donc été ensevelis avec lui par le baptême dans la mort afin que comme le Christ est ressuscité des morts par la gloire du Père, nous vivions nous aussi dans une vie nouvelle.

Rm 6,3-4

[...] *par le baptême, les hommes sont greffés sur le mystère pascal du Christ: morts avec lui, ensevelis avec lui, ressuscités avec lui, ils reçoivent l'esprit d'adoption des fils «dans lequel nous crions: Abba, Père»* (Rm *8,15), et ils deviennent ainsi ces vrais adorateurs que cherche le Père.*

Sacrosanctum Concilium, art. 6

POURQUOI CÉLÉBRER LE SACREMENT DU BAPTÊME[3]?

■ *Parce que ce sacrement est pour les personnes humaines...*

Toute personne cherche à découvrir le sens de son existence, celui du monde, de l'univers, de la souffrance, de la mort. Toute personne vit aussi une certaine relation au sacré qui l'enveloppe, la dépasse, l'attire, peu importe ce qu'elle identifie comme sacré: la nature, l'énergie, la science, Dieu. Toute personne évolue dans un ou plusieurs groupes auxquels elle participe: sa famille, son quartier, son milieu de travail ou de loisirs, une société politique ou religieuse. Toute personne doit se soumettre à certaines lois qui, si elles sont observées, améliorent la qualité de vie des individus et des groupes d'appartenance. Toute personne parvient progressivement, et souvent avec beaucoup d'efforts, à une intégration d'elle-même, à son propre équilibre, à l'élaboration de liens évidents entre ce qu'elle pense et dit, entre ce qu'elle croit et fait.

Toute personne, de quelque foi et de quelque religion qu'elle soit, a Dieu pour Créateur et pour Père. Elle est aimée de lui. Et de tout être, rappelle le quatrième évangile, «le Verbe est la lumière véritable» (*Jn* 1,9).

La transformation opérée dans la personne par le baptême consiste en ceci que, dans la conversion de foi, le baptisé s'attache à Jésus Christ et à sa Bonne Nouvelle. Ainsi, confronté comme tout humain aux grandes questions de l'existence, c'est à la lumière de l'Évangile qu'il tente

3. La réponse à cette question est un résumé d'un article que j'ai publié dans la revue *Prêtre et pasteur*, décembre 1985, p. 651-662, sous le titre «Si tous naissent enfants de Dieu, alors à quoi bon le baptême?»

d'accorder sens à sa vie à la manière de Jésus. Le sacré qui englobe son existence et l'invite à pousser au bout ses possibilités, c'est le Dieu de Jésus Christ incarné dans le monde et vainqueur de la mort; en lui, il se reconnaît fils et dit à Dieu: «Notre Père». Son appartenance à la race des humains, il la vit activement dans la communion d'une Église de sœurs et de frères qui a son histoire, ses traditions, son projet, sa mission et qui a la responsabilité de dire et de faire dans le monde de ce temps ce que Jésus de Nazareth disait et faisait en son temps. Il n'est pas esclave de la loi mais ses jugements, ses agirs moraux, sa créativité éthique prennent en compte l'enseignement évangélique: c'est donc à la suite de Jésus qu'il s'engage sur les voies de la justice, de la concorde, de tout ce qui favorise sa dignité et sa liberté comme celles des autres. Dans l'intégration de son être, le baptisé se construit progressivement comme chrétien dont la foi, la communion fraternelle, l'agir et la célébration priante se renvoient l'un à l'autre.

> Le baptême, en tant que sacrement de l'initiation chrétienne, est l'acte d'une communauté qui met au monde une chrétienne ou un chrétien et l'oriente, sous la puissance de l'Esprit Saint, vers le Seigneur ressuscité accordant sens à la vie et guidant vers le Père.
>
> Il atteste, de manière non équivoque, l'action salvatrice du Christ comme actualisée dans le baptisé et touchant les humains. Il symbolise, par le rite initiatique, dans un lieu et un temps précis, que le Christ est vainqueur de la souffrance, du mal et de la mort. Le baptême n'est cependant pas réduit au rite. Il englobe toute l'existence pour que, de façon permanente et jusque dans l'acte de sa mort, le baptisé accueille dans la foi et l'espérance, dans les joies de sa vie mais aussi dans les souf-

frances et les conflits, la grande question du Christ à ceux qui veulent être incorporés à lui dans le Royaume: «Pouvez-vous être baptisés du baptême dont je serai baptisé?» (*Mc* 10,38)

La chrétienne ou le chrétien a besoin de toute sa vie pour répondre à cette question. Y répondre à la manière du Christ, c'est accomplir le passage de ce monde au Père. Le premier rôle du baptême, puisqu'il est sacrement de l'initiation, c'est de faire passer la personne humaine au Royaume de Dieu. C'est d'être une pâque.

Ainsi, le baptême accorde à celle ou celui qui en vit de recevoir son existence comme transformée par la Pâque du Christ.

■ *Parce que ce sacrement est pour les croyantes et les croyants...*

Le baptême existe pour les croyantes et croyants en un Dieu Père qui «a tant aimé le monde qu'il a donné son Fils, son unique, pour que tout homme qui croit en lui ne périsse pas mais ait la vie éternelle» (*Jn* 3,16). Dans ce sacrement, l'Église d'abord et la personne baptisée ensuite reconnaissent Dieu comme ce Père dont on est la fille ou le fils. Ainsi, chaque baptisé peut reprendre à son compte la si belle parole d'Ignace d'Antioche à la veille de son martyre: «J'entends en moi comme une eau vive qui murmure et qui dit: "Viens vers le Père[4]."»

C'est toujours sur la base d'une nouvelle naissance que se réalise le baptême. Ou bien il est donné à des adultes, à des adolescents, à des enfants qui naissent à une nouvelle manière de penser, d'agir et d'être par la conversion à Jésus Christ et à son Évangile. Ou bien il est donné au nouveau-né à la

4. Ignace d'Antioche, *Lettre aux Romains*, 7,2.

demande de ses parents qui s'engagent à lui faire rencontrer ce Jésus pour qu'il accepte, un jour, de marcher à sa suite. En ce sens, nous pouvons dire du baptême qu'il nous fait fille ou fils — et non pas enfant — de Dieu. L'enfant est celui qui est reconnu, protégé, aimé par ses parents; la fille ou le fils reconnaît en plus ses parents comme étant les siens et décide de la manière de vivre sa relation à eux.

Ainsi, le baptême suscite à Dieu des filles et des fils adoptifs qui ne sont plus dominés par la loi mais deviennent libres héritiers de la promesse et participent à la vie du Fils unique (*Ga* 4). «On ne naît pas chrétien, on le devient», écrivait déjà Tertullien[5]. Or le chrétien est d'abord un croyant. Un croyant qui adhère à la personne du Christ à qui il est incorporé.

Le baptême existe parce que le Christ n'est plus visible. Avant sa mort et sa résurrection, il suffisait de partager sa vie et sa mission pour être identifié à lui et reconnu comme son disciple. Mais après l'Ascension, alors que le Christ, sacrement primordial de Dieu, n'est plus «en visibilité terrestre», l'acte de rédemption demeure présent. On le reconnaît dans les sacrements et, donc, dans le baptême. Être incorporé au Christ par le baptême, c'est agir avec lui, à sa manière, mû par le même Esprit. Et le baptême rend le chrétien apte à dire comme le Jésus de Luc et le prophète de l'Alliance ancienne: «L'Esprit du Seigneur est sur moi parce qu'il m'a consacré par l'onction, pour porter la Bonne Nouvelle aux pauvres; Il m'a envoyé annoncer aux captifs la délivrance et aux aveugles le retour à la vue, renvoyer en liberté les opprimés, proclamer une année de grâce du Seigneur» (*Lc* 4,18-19 reprenant *Is* 61,1-2). Le baptême, moment capital du

5. Tertullien, *De Testimonio animæ*, P.L. 1,1, p. 610.

devenir chrétien, convertit le cœur à Jésus Christ et engage toute la vie et la mort du baptisé. Il implique la plongée du quotidien dans le Christ Jésus. Il présage aussi l'instant définitif du passage à Dieu par la mort. Ce baptême du quotidien et de la mort résumé et condensé dans le rite sacramentel constitue l'apprentissage et l'ultime moment de «la rencontre avec Dieu», rencontre constitutive, selon Irénée de Lyon de «la vie de l'homme[6]».

La nature de la foi chrétienne, c'est cette adhésion au Christ pour vivre le passage vers le Père, l'alliance et la rencontre avec lui. Cette foi, bien qu'étant don gratuit de Dieu, grandit selon un processus de maturation tout au long de la vie chrétienne. La croissance de la foi, comme conséquence du baptême, dépend simultanément du don gratuit dont Dieu en son Christ demeure toujours la source et de l'accueil réservé à ce don par le baptisé qui le fait fructifier. La décision de croire appartient au baptisé que Dieu prévient toujours de sa grâce. Certes, le baptême est un acte de passage à une vie nouvelle, mais un acte permanent de passage.

Le baptême commémore rituellement la mort-résurrection de Jésus. Il ne fait pas qu'en évoquer le souvenir. Sous le mode du symbole, il rend cet événement de salut présent pour l'Église et pour le baptisé. L'acte sauveur du Christ accompli une fois pour toutes et permanent dans l'histoire humaine est rendu présent comme rejoignant un aspect particulier de l'existence. Le baptême rappelle au baptisé, à l'Église et au monde que le mystère pascal englobe la totalité de la vie humaine, y compris la naissance et la mort. C'est au cœur de son angoisse et de son espérance que le baptisé est

---

6. Irénée de Lyon, *Adversus Hæreses,* IV, 20,7.

rejoint. Et le sacrement qui commémore et rend présent l'acte sauveur du Christ préfigure du même coup l'accomplissement définitif du salut offert à l'humanité.

Ainsi, le baptême est pour les pécheurs mais pour les pécheurs qui, dans la foi, veulent rendre célèbre le Dieu sauveur en qui ils espèrent; pour les pécheurs voulant agir en communion avec d'autres afin que, dès maintenant, le salut soit manifesté dans la construction d'un monde meilleur, plus juste, plus fraternel; pour les pécheurs dont la foi, l'espérance et la charité les rendent davantage fils de Dieu et frères des humains.

> Dans un monde où le sens du péché est édulcoré, le baptême vient rappeler au baptisé et à l'Église qu'ils sont pécheurs et pécheurs graciés. Il est comme la réalité extérieure correspondant à la réalité intérieure de la foi. C'est peut-être là la signification profonde de l'affirmation de Marc: «Celui qui croira et sera baptisé, sera sauvé; celui qui ne croira pas [Marc ne dit pas «et ne sera pas baptisé»] sera condamné.» (*Mc* 16,16)
>
> En ce sacrement, Dieu se fait proche. Il invite la nouvelle ou le nouveau baptisé à s'ouvrir à sa présence, à communier à lui tout au long de sa vie. Le baptême ne fera jamais de l'humain, un Dieu. Il lui confère cependant la dignité de celles et ceux qui, marqués de la croix du Christ, sont appelés à mieux voir la gloire de Dieu, à mieux écouter sa Parole, à mieux lui répondre, à mieux lui ouvrir leur cœur, à porter leur croix à la suite du Seigneur[7].

Le baptême ne réduit pas à néant l'écart entre Dieu et le chrétien. Il rend ce dernier responsable de sa marche vers

---

7. *Rituel du baptême des adultes par étapes*, (rite de la signation).

Dieu, marche de toute la vie qui aboutit à l'acceptation de la mort et à la rencontre définitive avec Dieu. Le baptême habilite les croyantes et les croyants à gérer l'écart existant entre Dieu et la personne humaine. Le baptême est rencontre.

■ *Parce que ce sacrement est pour l'Église...*

Le baptême existe d'abord pour que l'Église soit Église. Pour qu'elle soit cette communion, ce corps, ce sacrement, ce temple, ce peuple en marche qui épouse toujours la cause de Dieu tellement prise en compte par Jésus de Nazareth. Or cette cause de Dieu, c'est du même coup la cause de l'humanité. Le projet de Dieu est un projet de salut réalisé en Jésus venu pour que les humains «aient la vie en abondance» (*Jn* 10,10). Parce que l'Esprit Saint la couvre de son ombre, l'Église est plongée dans le mystère de Dieu. Comme les Apôtres en ce matin de Pentecôte, elle est envoyée dans le monde pour révéler que Jésus est le Seigneur et guider vers lui celles et ceux qui, parvenant à la foi, lui demandent: «Que nous faut-il faire?» (*Ac* 2,37) Alors seulement elle peut baptiser.

Ainsi, l'Église, parce que baptisée, est aussi baptisante. Le baptême est l'acte qu'elle pose en se reconnaissant elle-même, malgré ses limites et son péché, comme élue par Dieu pour accueillir des membres à qui elle devra manifester l'amour divin. L'Église, quand elle baptise, se réinitie elle-même à son être et à sa mission. Faisant cela, elle initie de nouveaux membres qu'elle accueille en son sein et qu'elle engendre à Dieu comme filles et fils.

Le baptême porte fruit quand les baptisés acceptent la responsabilité d'être une communauté fraternelle qui grandit dans la foi, dans la vie porteuse des valeurs évangéliques, dans l'engagement effectif à travailler à la promotion de la justice, de la libération en vue du Royaume, dans la prière et la célébration chrétiennes. C'est dans cette assemblée de sœurs et de frères que les baptisés sont accueillis.

C'est bien comme partenaires que l'Église accueille de nouveaux baptisés, des néophytes. Elle ne baptise pas en son nom mais «au nom du Père et du Fils et du Saint Esprit». Le baptême manifeste qu'au titre de sa foi, le baptisé devient frère de son père, de sa mère, de tous. Il n'appartient à nul autre qu'à Dieu. Il n'est pas non plus soumis aux oppressions de l'Église qui l'accueille, car cette Église est celle de Jésus le Libérateur. Ainsi, la chrétienne ou le chrétien est, à part entière, membre de l'Église. En son sein, il est appelé à vivre librement et à continuer d'écrire avec d'autres son histoire et sa tradition toujours vivante. Appelé aussi à participer à l'élaboration et à l'accomplissement de sa mission, il est porteur du droit et du devoir de parler et d'agir afin que cette Église soit davantage «sel de la terre et lumière du monde» (*Mt* 5,13-14) et qu'advienne le Royaume de justice et de paix annoncé par Jésus.

> Le baptême a pour rôle de construire l'Église comme communauté fraternelle. Communauté de sœurs et de frères qui essaient de partager leur foi, de grandir en tant que croyants au cœur d'une humanité où ils tentent de faire advenir la fraternité universelle et d'accorder sens à leur aventure personnelle, collective, communautaire. Ce sacrement, porte de tous les autres, révèle un sens chrétien à cette aventure à laquelle le Fils de Dieu est venu participer. L'Église qui baptise se resitue comme assemblée croyante devant se disperser dans le monde pour y vivre la sacramentalité qu'elle tient de son Seigneur ressuscité. Rassemblée dans l'unique foi et

l'unique baptême pour rendre Dieu célèbre devant celles et ceux qu'elle accueille comme membres nouveaux, elle se redit qu'elle est le corps de son Seigneur et se construit comme ce corps dont le Christ est la Tête. Prenant du même coup conscience de ce qu'elle n'est pas à elle-même sa propre fin, elle se comprend comme l'Envoyée de Dieu. Par la diversité des ministères qu'elle accomplit, elle signifie au monde que le Royaume advient et qu'elle veut en être témoin.

Le baptême fait l'Église. Il la fait comme corps du Christ et comme sacrement du salut réalisé et révélé en Jésus Christ. Il la fait entièrement ministérielle, entièrement au service de Dieu dans le monde de ce temps. Il crée la communion ecclésiale, communion qui persiste même quand l'Église est dispersée pour être missionnaire en plein monde.

Les initiateurs sont toujours transformés par l'initiation qu'ils conduisent. L'Église est communauté baptisante, donc initiatrice. En cela elle se réinitie à son être de communauté missionnaire.

■ *Parce que ce sacrement est pour le monde...*

Le baptême impose d'abord une rupture avec le monde, avec ce qui, dans le monde, est contraire au projet de Dieu. Le rite de l'immersion, quand il peut être accompli, l'exprime au mieux. Plongés dans le mystère de la mort et du mal sous toutes ses formes — violence, exploitation, arrivisme, égoïsme, injustice, etc. — l'Église et les baptisés espèrent en sortir. Le salut consiste à émerger du mal et de la mort en vue d'une vie nouvelle et éternelle promise à la béatitude. C'est pour vivre cette vie que le baptisé se détourne du monde. Cela est bien perceptible dans les rites de la renonciation au mal et de la profession de foi précédant celui de l'eau. Cependant, en même temps que le baptême impose de renoncer au monde, il envoie l'Église et les baptisés en plein monde pour y être porteurs de la lumière du Christ. Il situe ainsi les chrétiens dans leur rapport au monde.

«Sel de la terre», les chrétiennes et chrétiens doivent donner goût aux humains de vivre la vie présente. Dans le monde où ils sont, ils ont ensemble la mission de faire en sorte que les réalités terrestres soient plus humaines, marquées au sceau de l'incarnation du Fils de Dieu. Quand le droit à la vérité, à la liberté, à la paix, au travail, à la dignité sera reconnu dans les faits, le monde sera plus beau et les gens plus heureux. Par le sacrement qui les incorpore au Christ, tous les baptisés sont envoyés dans le monde pour donner saveur à ce dernier.

«Lumière du monde», ils doivent l'éclairer de la lumière même du Christ en continuant à accomplir des œuvres semblables à celles de Jésus afin que les témoins de ces œuvres en bénéficient et en rendent grâce à Dieu. Plus la communauté ecclésiale sera lumière pour ses membres, plus elle les appellera à communiquer eux-mêmes leur espérance à un monde qui n'a pas encore compris le sens de la résurrection de Jésus qui semblait avoir été vaincu par les puissances des ténèbres et de la mort.

Le baptême porte en lui-même le paradoxe de l'Évangile: être du monde sans en être. Car le sel n'est pas la terre; si il devient terre, «avec quoi salera-t-on»? La lumière n'est pas le monde. Identique au monde, elle ne serait plus perceptible par lui. Si l'Église et les baptisés sont sel et lumière, c'est qu'ils doivent gérer leur rapport au monde de manière telle que non identifiés au monde, ils puissent conserver l'originalité qui leur vient du Christ et que, incarnés dans le monde, ils puissent demeurer crédibles quand ils annoncent que, par le baptême, il est donné de «recommencer une vie qui aboutisse à la gloire plutôt qu'à la mort[8]».

Le défi posé par le baptême, c'est d'établir, entre l'Église et le monde, des frontières qui empêchent leur identification. Le sacrement manifeste que l'Église est l'étrangère du monde. Mais les frontières créent aussi la possibilité du passage. L'Église doit traverser le monde pour lui rendre le service de lui faire connaître une ouverture possible sur l'accomplissement de l'humanité.

Sous le mode sacramentel, c'est-à-dire sous le mode du symbole, le baptême réalise la communauté humaine à venir. Il la réalise en espérance. Cette espérance baptismale s'enracine dans l'événement fondateur des sacrements: la vie, la mort et la résurrection de Jésus, événement qui constitue une promesse d'avenir. Cet événement fondateur a marqué la conduite des premiers témoins leur donnant de s'accomplir comme humains et de réaliser la communion humaine. Il marque encore la conduite de celles et ceux qui se réclament de la Tradition des premiers témoins. Il marquera, pour les croyantes et les croyants, la conduite des générations futures.

Si le baptême existe et qu'on doive le célébrer au grand jour, c'est qu'il porte en lui la ferme conviction que le monde n'est pas perdu. Il affirme au contraire que, malgré le tragique de l'existence, la vie humaine vaut d'être vécue et que l'humanité a, en Jésus Christ, un sens. Un sens déjà là, certes; mais surtout un sens qui se précise, s'accroît «jusqu'à ce qu'il vienne». Le baptême

8. J.J. Von Allmen, *Pastorale du baptême*, Coll. «Cahiers œcuméniques» n° 12, Fribourg, Éditions universitaires, Paris, Cerf, 1978, p. 15.

reconnaît la vocation humaine: le passage de la mort à la vie; vie de liberté, vie de fraternité, vie de signification...

Pourvu qu'il tienne compte du monde, de son histoire, de ses drames, de son évolution, le baptême est parole d'espérance. Il est prophétie sur le monde. Il lui ouvre un avenir absolu.

■ En résumé, parce que le baptême est sacrement d'un Dieu libérateur et sauveur pour la personne, pour la croyante ou le croyant, pour l'Église et pour le monde, il n'est pas qu'un privilège mais aussi une tâche pour celles et ceux qui le reçoivent. Perçu comme contradiction, puisque célébrant le Dieu vivant dans la vie d'une personne et du monde confrontés à la mort sous toutes ses formes, il renvoie à une responsabilité: celle de proposer une grande espérance, l'espérance du salut.

Que penser de ces raisons? Y en aurait-il d'autres?

UN DIALOGUE IMPORTANT ENTRE DEUX ADULTES SE PRÉPARANT AU BAPTÊME

— Ce n'est pas rien que d'être marqué de la croix du Christ. Cela veut dire que je devrai porter la croix...

— Et si c'était le Christ en croix qui te portait?...

— Ce n'est pas rien que d'être plongé dans la mort du Christ et de devoir dire oui à la mort par laquelle je devrai passer...

— Et si ce baptême en la mort du Christ te donnait l'assurance de la résurrection?...

— Ce n'est pas rien de devoir porter la lumière du Christ dans et par toute ma vie...

— Et si le Christ était la vraie lumière qui illumine toute ta vie?...

Vous tous [...], *baptisés dans le Christ, vous avez revêtu le Christ: il n'y a ni Juif ni Grec, il n'y a ni esclave ni homme libre, il n'y a ni homme ni femme; car tous vous ne faites qu'un dans le Christ Jésus.*

(*Ga* 3,27-28)

DIEU, L'ÉGLISE ET LA PERSONNE BAPTISÉE À L'ŒUVRE DANS LE SACREMENT DU BAPTÊME

Dieu porte aux baptisés un amour de prédilection...

Jadis en Palestine...

■ Par Jésus de Nazareth, Dieu disait à la Samaritaine venue prendre de l'eau au puits de Jacob: «Quiconque boit de cette eau aura soif à nouveau; mais qui boira l'eau que je lui donnerai n'aura plus jamais soif; l'eau que je lui donnerai deviendra en lui source d'eau jaillissant en vie éternelle.» (*Jn* 4,13-14)

■ En Jésus de Nazareth, Dieu convie Nicodème à entrer dans son Royaume et il lui en offre la possibilité: «En vérité, en vérité, je te le dis, à moins de naître d'eau et d'Esprit, nul ne peut entrer dans le Royaume de Dieu. Ce qui est né de la chair est chair, ce qui est né de l'Esprit est esprit. Ne t'étonne pas si je t'ai dit: Il vous faut naître d'en haut.» (*Jn* 3,5-7)

■ En la Passion de Jésus de Nazareth, Dieu regarde avec amour et miséricorde les humains appelés à être plongés dans sa mort pour ressusciter avec lui: «Je suis venu jeter un feu sur la terre, et comme je voudrais que déjà il fût allumé! Je dois être baptisé d'un baptême, et quelle n'est pas mon angoisse jusqu'à ce qu'il soit consommé!» (*Lc* 12,49-50)

Aujourd'hui, dans le sacrement du baptême...

■ Dieu veut rassasier la personne qui a soif de la vie et du bonheur éternels.

■ Il fait entrer dans le Royaume de son amour celle ou celui qui accepte d'être mis au monde par l'Esprit pour y vivre une vie nouvelle à la manière de Jésus.

■ Il fait du baptisé un pécheur pardonné, l'incorpore à son Fils et le promet ainsi à la résurrection.

Dans ce sacrement, Dieu dit à la personne baptisée: «Tu es ma fille, mon fils. L'alliance que je fais avec toi, jamais je ne la renierai. Toujours, je t'envelopperai de mon amour et de ma miséricorde. Mon Esprit Saint te guidera pour qu'à la suite de Jésus tu viennes vers moi. Tu vivras éternellement.»

L'Église a toujours porté attention aux baptisés...

Dès ses origines, l'Église conférait le baptême. Le livre des Actes des Apôtres garde mémoire d'un grand nombre de baptêmes présidés par les Apôtres eux-mêmes dès après la résurrection de Jésus. Paul, dont on peut dire qu'il a été le premier théologien de ce sacrement, le situe bien dans son rapport à la Pâque de Jésus: sa mort et sa résurrection. Il écrira plusieurs fois aux premières communautés chrétiennes que c'est en la mort du Christ que les baptisés le sont pour ressusciter avec lui.

Au cours des trois premiers siècles, on baptise surtout les adultes. C'est leur baptême à eux qui est alors la règle commune. Le baptême des petits enfants, bien qu'il existe déjà, est minoritaire. Les Pères de l'Église ne sont pas tous favorables à ce qu'on baptise les enfants. Alors qu'Origène, Hippolyte de Rome, Cyprien plaident en faveur de ce baptême, Tertullien le conteste en demandant: «Pourquoi cet âge innocent est-il si pressé de recevoir la rémission des péchés[9]?» Ce à quoi Cyprien répond quelques années plus tard que c'est moins pour une affaire de péché que l'on baptise les enfants que pour louer Dieu créateur de la per-

9. Tertullien, *De baptismo*, 18.

sonne humaine. Il semble qu'au cours de ces premiers siècles on ait gardé la pratique attestée dans le livre des Actes: le baptême est d'abord pour les adultes mais quand le chef de famille se convertit, toute sa famille et même ses serviteurs sont baptisés avec lui[10].

Arrive le IVe siècle, l'âge d'or des Pères de l'Église. De plus en plus, on semble réserver le baptême aux adultes. Ainsi, saint Basile, devenu plus tard évêque de Césarée, saint Ambroise, évêque de Milan, saint Jean Chrysostome, évêque de Constantinople, saint Augustin, évêque d'Hippone, sont tous baptisés à l'âge adulte. Tous, pourtant, sont nés de parents chrétiens. Pourquoi ces parents ont-ils retardé le baptême de leurs enfants? C'est à cause de la conception du péché et du pardon. À cette époque, on admet — comme aujourd'hui, d'ailleurs — que le baptême remet les péchés. Mais contrairement à aujourd'hui, si, après le baptême, le chrétien tombe dans le péché, il ne peut être pardonné qu'une fois, après avoir été soumis à la très rigoureuse pénitence publique. On a donc tendance à repousser le baptême, sacrement par excellence de la rémission des péchés, le plus tard possible. De plus, ce sacrement nécessite une longue préparation. Le temps du catéchuménat est exigeant: il faut franchir plusieurs étapes qui s'étalent sur une période minimale de trois ans avant d'avoir accès au rite de l'eau; il faut même souvent quitter son emploi avant d'être baptisé puisque plusieurs métiers sont proscrits par le christianisme.

Pourtant, vers la fin du IVe siècle, l'importance accordée à la doctrine du péché originel et le taux élevé de mortalité infantile font que les baptêmes d'enfants en danger de mort

---

10. *Ac* 11,14; 16,33.

se multiplient. Basile, Augustin, Jean Chrysostome et d'autres avec eux se font alors les promoteurs du baptême des petits enfants. Ce qui amène le Vᵉ siècle à reconnaître le baptême de ces derniers comme étant la norme. Le baptême des adultes devient de plus en plus exceptionnel.

Jusqu'au VIIIᵉ siècle, le baptistère était un édifice ou un monument indépendant de l'église, de la cathédrale. Le rite principal du baptême consistait en une triple immersion dans les eaux suivant une triple profession de foi et accompagnée de la parole sacramentelle. Dès la période qu'il convient d'appeler la chrétienté et qui coïncide avec ce VIIIᵉ siècle et les suivants, on se satisfait d'une cuve baptismale dans laquelle on ne plonge plus les enfants. On les baptise par infusion. Le baptême devient surtout un signe d'appartenance à cette société de chrétienté. On commence à le célébrer en tout temps alors que jusque-là on le réservait au temps pascal. La dimension communautaire du baptême devient moins apparente. On pense surtout au salut individuel.

Entre le VIIIᵉ et le XXᵉ siècle, on remarque peu de changements dans la célébration du baptême. Le concile Vatican II tentera de remettre en valeur la dimension communautaire de tous les sacrements et, donc, du premier d'entre eux, le baptême. Considérant les situations diverses vécues partout dans le monde, ce concile propose trois rituels différents pour la célébration du baptême: celui des petits enfants; celui des enfants en âge de scolarité, soit ceux qui ont entre sept et douze ans; celui des adultes. Il va sans dire que le baptême des enfants en âge de scolarité et celui des adultes demandent un temps de catéchuménat où les candidats au baptême sont évangélisés et instruits des mystères chrétiens. De plus, c'est en plusieurs étapes que ces candidats célèbrent leur baptême dont le point culminant coïncide la plupart du temps avec la veillée pascale, alors qu'on accomplit le rite de l'eau.

Aujourd'hui, l'Église demande un temps de préparation au baptême. S'agit-il de tout-petits? Elle propose alors à leurs parents de se situer dans leur foi par rapport à la demande qu'ils font: ce Jésus en qui ils croient, voudront-ils le faire connaître à leur enfant pour qu'il soit un jour en mesure de choisir de marcher à la trace de ses pas? S'agit-il d'enfants en âge de scolarité ou d'adultes? Elle propose alors un cheminement qui, respectueux de leur liberté et dans l'écoute de l'Esprit, fait naître à la foi et grandir dans cette foi. Elle leur propose en outre une expérience de vie ecclésiale afin que la demande qu'ils font du baptême soit éclairée et vérifiée. Car l'Église a le devoir de respecter les conditions d'accès au sacrement: la foi, la demande vraie, l'entrée dans la communauté et la célébration des rites sacrés.

Dans ce sacrement, l'Église dit à la personne baptisée: «Tu es membre à part entière de ce peuple de Dieu en marche que nous formons. Tu es membre à part entière de ce corps du Christ donné au monde. Tu es membre à part entière de ce temple habité par l'Esprit. Tu es une sœur, un frère parmi les sœurs et frères du Christ. Tu es partenaire: tu as des droits et des devoirs. En demandant qu'on respecte les uns et en accomplissant les autres, tu œuvres avec d'autres à l'avènement du Royaume annoncé par le Christ.»

La personne baptisée a une vocation particulière...

La personne baptisée est marquée de la croix du Christ. Cela se fait très discrètement, trop peut-être, dans le cas du baptême d'un tout-petit. Mais le rituel du baptême des adultes est éloquent. Il indique qu'il faut marquer du signe de la croix les candidates et candidats au baptême dès leur entrée en catéchuménat, au moment où, la première évangélisation étant accomplie, Jésus est devenu celui à la suite de qui ils veulent engager toute leur vie. Le ministre du baptême fait alors le signe de la croix sur les oreilles, les yeux, les lèvres, le cœur, les épaules du catéchumène en lui rappelant qu'il devient apte à entendre la Parole de Dieu, à voir sa gloire, à lui répondre, à le laisser habiter en lui par la foi et à porter lui-même la croix à la suite du Christ. Il invite les catéchumènes à «porter en leur corps le signe du salut» duquel ils sont marqués tout entier.

La croix est, pour les baptisés, le signe d'un amour reçu: celui de Dieu exprimé de façon ultime par son Fils Jésus. Elle est aussi le signe d'un amour à donner puisque le disciple doit agir à la manière de son maître. Comment alors ne pas comprendre la vocation particulière du baptisé en méditant la parole de celui qui allait vivre sa passion et sa mort: «Il n'y a pas de plus grand amour que de donner sa vie pour ses amis» (*Jn* 15,13)?

La personne baptisée est plongée dans les eaux. Même dans le rite de l'infusion, celui où on verse de l'eau sur la tête, c'est cela qu'on signifie. Baptiser quelqu'un, c'est le plonger dans les eaux qui donnent la mort, dans les eaux qui donnent la vie. Ainsi la personne baptisée meurt au péché. Elle est ensevelie avec le Christ qui, en sa mort, dénonce et détruit le mal sous toutes ses formes. Elle se relève ensuite de la mort au péché pour ressusciter à une vie nouvelle, une vie qui ne finira jamais.

La personne baptisée revêt le vêtement blanc et reçoit la flamme prise au cierge pascal. Elle est, pour ainsi dire, revêtue du Christ et porteuse de la lumière qui vient de lui. Elle devient prêtre pour célébrer le Seigneur dans l'espérance; prophète pour proclamer la foi en un Dieu tout aimant; roi pour produire des œuvres de charité qui donnent sens à la vie.

Dans ce sacrement, la personne baptisée dit: «Je suis marquée de la croix du Christ pour être témoin de son grand amour pour tous les humains et pour accepter de donner ma vie à la suite de Jésus.»

Elle dit encore: «Je renonce au mal pour donner mon assentiment au bien. Je renonce au monde et à Satan pour m'attacher à Jésus le Christ et me laisser guider par son Esprit. Je meurs au péché pour vivre une vie nouvelle conforme à celle de Jésus.»

Elle dit aussi: «Je veux marcher à la suite de Jésus lumière du monde et je veux porter, là où je vis, cette lumière qui éclaire la vie des femmes, des hommes, des enfants.»

Elle dit enfin: «C'est dans la foi, l'espérance et la charité que je veux vivre ma vie chrétienne au nom du Père et du Fils et du Saint Esprit.»

VU ET ENTENDU

Lors d'une rencontre de préparation au baptême...

■ Une maman s'inquiète: «Est-ce vrai que mon enfant qui n'a pourtant rien fait de mal porte en lui le péché, "la tache originelle"? Qu'est-ce au juste que cette tache? ce péché?»

Après la naissance d'un petit-fils...

■ Un petit Gabriel est né. Il est la fierté de ses parents et de ses grands-parents. Ces derniers s'inquiètent du retard que semblent vouloir accorder les parents au baptême. «On ne sait jamais: s'il allait mourir avant d'être baptisé! S'il fallait qu'il aille aux limbes!»

Le difficile choix des parrain et marraine...

■ Un coup de téléphone à la paroisse:

— Je voudrais que ma petite Marie-Ève ait ses deux tantes pour marraines.

— Pourquoi, Monsieur?

— Parce que la sœur de mon épouse et ma sœur sont deux célibataires et qu'elles n'auront jamais la chance d'être marraines. Vous savez bien qu'on choisit toujours des couples pour «être dans les honneurs».

■ Une plainte adressée à la chancellerie d'un diocèse:

— Le prêtre de ma paroisse ne veut pas accepter que mes jumeaux de huit ans soient parrain et marraine de leur nouvelle petite sœur.

— Vous ne les trouvez pas un peu jeunes pour leur confier une telle responsabilité?

— Oh, ils sont sérieux, vous savez. Et ça leur ferait tellement plaisir. Après tout, c'est moi qui vais l'élever cette petite et non pas eux.

DES PISTES DE RÉFLEXION

À propos du péché originel...

Malgré les mots du *Minuit, chrétiens!*, le péché originel n'est pas une tache pas plus que le baptême n'est un détergent.

Le péché originel, c'est le péché qui existe depuis les origines. Quel a été le premier péché commis par la personne humaine? Nul ne peut le dire avec précision. Ce qu'il nous est donné de savoir, c'est que l'être humain des commencements s'est détourné de Dieu pour se tourner vers lui-même et se faire Dieu lui-même. Il a refusé de reconnaître que son Créateur lui serait toujours supérieur. Comment cet orgueil s'est-il concrétisé? Comment l'homme et la femme ont-ils désobéi à Dieu dès les premiers temps? Impossible de répondre avec certitude.

Nous savons bien cependant que dans la vie de tout homme et de toute femme, il y a cette tendance à se détourner de Dieu pour se choisir soi-même. Le péché originel n'est pas un acte mauvais concret que l'enfant a commis dès avant sa naissance. Dire que toute personne naît en état de péché originel, c'est affirmer tout simplement que chacun vient au monde en portant en lui la capacité de se détourner de Dieu, l'aptitude au péché. C'est reconnaître que cette personne, comme toutes les autres, est capable de pécher, qu'elle est pécheresse.

Quand nous disons du baptême qu'il efface le péché originel, nous le définissons comme un geste d'amour de Dieu qui, par avance, comble le baptisé de son pardon, de sa miséricorde. Dans le baptême, Dieu se révèle comme celui qui déclare: «Je vais pardonner leur crime et ne plus me souvenir de leur péché.» (*Jr* 31,34)

À propos des limbes...

L'enfant qui meurt sans avoir été baptisé ira-t-il aux limbes? Et d'abord d'où vient cette idée des limbes?

Le mot limbes signifie *frange, bordure.* Ainsi, on pourrait comprendre les limbes comme la bordure du ciel. Plutôt qu'un lieu, ils seraient un état où les enfants morts sans baptême ne souffriraient pas mais ne seraient pas heureux non plus.

Aujourd'hui, il nous est difficile de tenir ensemble un discours qui reconnaisse l'infinie bonté de Dieu, son infinie justice, son infinie miséricorde et celui qui enseigne que ce Dieu n'accueille pas dans le bonheur éternel avec lui les enfants morts sans baptême. Mais qu'enseigne l'Église au sujet des limbes?

Tout d'abord, il n'est nullement question, ni dans l'Ancien Testament, ni dans le Nouveau, de leur existence pour les petits enfants. Cette idée d'un état ou même d'un lieu mitoyen entre ciel et enfer est venue progressivement à ceux qui ont voulu mettre en évidence la justice de Dieu qui ne peut punir ceux qui n'ont pas péché personnellement.

En effet, quand saint Augustin a voulu conclure de certains textes évangéliques relatifs au jugement que tous ceux qui ne sont pas renés de l'eau et de l'Esprit Saint — y compris les enfants — sont condamnés, d'autres Pères de l'Église se sont inscrits à la suite de saint Grégoire de Naziance et de saint Grégoire de Nysse pour affirmer que Dieu est trop juste et bon pour condamner à l'enfer les petits enfants morts avant d'être baptisés. C'est alors que l'idée des limbes est apparue. Au cours des siècles, la théologie en a parlé pour démontrer l'importance du baptême et la justice miséricordieuse de Dieu qui ne pouvait condamner les enfants non baptisés à l'enfer.

Aujourd'hui, l'Église continue à adhérer, dans la foi, au Ressuscité qui, comme le Père, veut le salut de tous et qui lui demande de faire des disciples et de les baptiser (*Mt* 28,20). Elle ne parle plus, dans son discours officiel, des limbes pour les enfants.

Les mêmes raisons qui ont amené à croire aux limbes servent aujourd'hui à nous en faire douter. Comment Dieu infiniment juste et miséricordieux pourrait-il refuser le bonheur éternel à une personne qui n'est pas responsable de n'être pas baptisée?

À propos de la marraine et du parrain...

Une marraine, un parrain, c'est un témoin au sens le plus fort du terme. Sa signature sur le registre du baptême ne signifie pas d'abord qu'il a vu s'accomplir un rite. Ce serait alors réduire le baptême à un acte civil. Or le baptême n'est pas une entrée dans la vie civile. Il est une entrée dans l'Église en vue du Royaume. Cette signature signifie surtout que la marraine ou le parrain s'engage à témoigner de Dieu et de l'Église devant son filleul et à témoigner de son filleul devant Dieu et l'Église. La marraine ou le parrain se porte garant du sens et de la vérité du baptême.

Ainsi, la meilleure marraine n'est pas nécessairement la tante qui offrira les plus beaux cadeaux à son filleul; le meilleur parrain n'est pas nécessairement celui qui fera le plus de sport avec lui. Ils ne sont pas nécessairement non plus les personnes les plus proches par les liens du sang non plus que celles à qui on voudrait manifester de la reconnaissance ou de l'amitié. Choisir un parrain ou une marraine, ce n'est pas lui donner une récompense, c'est lui confier une responsabilité.

Cette responsabilité consiste à guider le filleul sur le chemin d'une vie chrétienne authentique, une vie où l'on apprend progressivement à penser, à parler, à agir, à prier, à être à la manière de Jésus. Le meilleur choix de la marraine ou du parrain serait celui d'une personne croyante, agissante et célébrante qui vit sa foi, ses engagements, sa prière en Église et qui les vit assez près de son filleul pour que celui-ci soit interpellé par ce témoignage de vie.

Il ne convient pas et il n'est pas permis par l'Église que deux personnes du même sexe soient marraines ou parrains. Contrairement aux religions traditionnelles qui acceptent comme seuls initiés et comme seuls initiateurs les personnes d'un même sexe, l'Église reconnaît, depuis ses origines, que le salut est offert à toutes et à tous et qu'il appartient à toutes et à tous de l'accueillir et d'en témoigner. De plus, les marraines et parrains représentent la communauté composée de femmes et d'hommes. On peut aussi remarquer le rôle de maternité ou de paternité spirituelle tenu par la marraine ou le parrain. Or un enfant n'a jamais deux mères ou deux pères. Ou bien il a une mère et un père, ou bien il n'a que l'une ou l'autre. Il en va ainsi pour le baptême qui est naissance à une vie nouvelle: ou bien le baptisé est aidé de façon privilégiée dans sa vie chrétienne par une marraine et par un parrain, ou bien il l'est par une seule marraine ou par un seul parrain. Cette pratique marque la non-exclusivité du salut.

Seigneur mon Dieu,
par le baptême, tu me demandes de porter en mon corps
la croix, signe du salut.

Mes oreilles ont été marquées de cette croix
pour que j'entende ta Parole:
    Crée en moi un cœur attentif
    à cette parole multiple que tu me dis
    quand je lis les Écritures,
    quand j'accueille les événements heureux ou tristes,
    quand je vis ma relation aux autres
    en les reconnaissant aimés de toi.

Mes yeux ont été marqués de cette croix
pour que je voie ta gloire:
    Crée en moi un cœur ouvert
    à la vie de toute personne
    car ta gloire, à toi, c'est la personne vivante.
    Mais, Dieu, où sont-ils les vivants, aujourd'hui?
    Tu ne tires certes pas gloire des enfants, des femmes,
        des hommes
    victimes de la pauvreté, du rejet, de l'oppression.

Mes lèvres ont été marquées de cette croix
pour que je te réponde quand tu me parles:
    Crée en moi un cœur disponible
    à la mission que tu me confies
    d'annoncer la Bonne Nouvelle aux blessés de la vie.
    Que je puisse te dire chaque jour: «Envoie-moi.»
    Oui, envoie-moi partager mon pain avec l'affamé,
    et consoler ceux dont le cri monte jusqu'à toi.

Mon cœur a été marqué de cette croix
pour que tu habites en moi par la foi:
	Crée en moi un cœur pur,
	un cœur droit, désireux de faire ta volonté
	et qui n'hésite pas à te faire confiance,
	à mettre en toi toute son espérance, tout son amour.
	Que je me laisse guider vers toi
	dont le cœur est tellement plus grand que le mien.

Mes épaules ont été marquées de cette croix
pour que je porte ma propre croix à la suite du Christ:
	Crée en moi un cœur fort,
	un cœur qui n'hésite pas devant l'épreuve,
	un cœur fidèle et courageux
	qui persiste à battre au rythme de celui de ton Fils
	malgré les soupçons et les dérisions,
	un cœur simple et joyeux.

Seigneur mon Dieu,
par le baptême, tu me plonges en la mort de ton Fils Jésus
pour me promettre à la résurrection et à la vie éternelle.

C'est chaque jour que j'entends la question de Jésus
à ses disciples voulant la première place dans le Royaume:
«Pouvez-vous être baptisés du baptême
dont je serai baptisé?» (*Mc* 10,38)
	Donne-moi de comprendre cette question capitale,
	de la porter en toute ma vie.
	Donne-moi d'accepter toutes les morts quotidiennes:
	La maladie ou la perte d'un être cher,
	ma santé qui diminue et mes fragilités qui s'accentuent,
	et la mort que je ne choisirai pas
	mais par laquelle je devrai passer.

C'est chaque jour que j'entends
la parole de Jésus à la Samaritaine:
«Si tu savais le don de Dieu et qui est
celui qui te dit: Donne-moi à boire,
c'est toi qui l'aurais prié et il t'aurait
donné de l'eau vive.» (*Jn* 4,10)
    Donne-moi d'accueillir ce reproche plein de douceur,
    de m'y confronter pendant toute ma vie.
    Donne-moi le désir de cette eau vive
    qui murmure et dit en moi: viens vers le Père.
    Donne-moi de vivre aujourd'hui
    comme je voudrais vivre au dernier jour
    de mon existence terrestre.

Seigneur mon Dieu,
par le baptême, tu me confies de porter la lumière
de la foi, de l'espérance, de l'amour.

Tu fais de moi un prophète, un haut-parleur de toi
qui annonce ta justice et ta miséricorde,
ta bénédiction et ton salut.
    Parfois, comme Isaïe, je te dis:
    «Me voici, envoie-moi.» (*Is* 6,8)
    Parfois, comme Jérémie, je te supplie:
    «Je ne sais pas parler, car je suis un enfant.» (*Jr* 1,6)
    Que ma foi prophétise en ta faveur, qu'elle soit lumière
    pour celles et ceux que tu n'as pas encore séduits.

Tu fais de moi un prêtre, un célébrant de toi
qui chante ta puissance et ta grandeur,
qui proclame tes merveilles au cours des jours.
    Je veux faire de toute ma vie
    une symphonie de louanges pour ton nom,

un concert glorifiant ta majesté.
Donne-moi d'accorder ma voix
à celle de la création entière qui te rend grâce
dans la psalmodie des heures de chaque jour.

Tu fais de moi un roi fidèle aux règles de justice,
qui partage avec l'étranger
et qui prend parti pour les appauvris.
Donne-moi d'être, comme David,
un roi selon ton cœur.
Comme à Salomon, donne-moi
la sagesse qui sait discerner ce qui est bien.
Donne-moi surtout de me considérer à ton service,
toi, le roi de l'univers.

Oui, Seigneur mon Dieu,
fais de moi un prophète proclamant des récits de foi,
un prêtre célébrant en des rites l'espérance,
un roi proposant des règles de justice et de charité.
Alors, je vivrai d'une vie nouvelle
à la suite de ton Fils Jésus
que tu as fait Seigneur pour les siècles sans fin.

Amen.

LA CONFIRMATION

Apprenant que la Samarie avait accueilli la parole de Dieu, les apôtres qui étaient à Jérusalem y envoyèrent Pierre et Jean. Ceux-ci descendirent donc chez les Samaritains et prièrent pour eux, afin que l'Esprit Saint leur fût donné. Car il n'était encore sur aucun d'eux; ils avaient seulement été baptisés au nom du Seigneur Jésus. Alors Pierre et Jean se mirent à leur imposer les mains, et ils recevaient l'Esprit Saint.

Ac 8,14-17

LE SACREMENT D'UNE AUDACE SANS NAÏVETÉ

■ Des adultes se préparent à leur confirmation. L'une d'eux, lors d'un partage entre les confirmands, avoue: «J'ai regretté, un jour, de n'avoir pas été confirmée alors que j'étais enfant. Aujourd'hui, je suis heureuse de l'être à trente ans. Je comprends mieux ce que c'est que de vivre une vie chrétienne. Je m'engage bien plus consciemment à participer à la vie de l'Église.»

■ Michel-André accompagne un jeune adulte qui demande à être confirmé. Il lui dit un jour: «À mesure que je chemine avec toi, je comprends mieux ce que les confirmés apportent à l'Église: c'est un vent nouveau qui désinstalle, qui transforme. Un vent qui me fait penser à celui de la Pentecôte. La confirmation renouvelle l'Église.»

■ Jonathan a 12 ans. Il sera confirmé au cours de la présente année. Il en discute avec ses parents et leur dit: «Moi, je veux être confirmé. Quand j'étais petit, c'est vous qui avez décidé de me faire baptiser. Aujourd'hui, c'est moi qui décide de continuer à vivre en vrai baptisé. J'ai besoin de force pour cela.»

■ Annie dit à l'évêque qui la confirme: «L'Esprit Saint, je l'ai déjà reçu. Il est venu en moi par le baptême. Aujourd'hui, vous me confirmez et je pense que ce sacrement ouvre mon cœur encore plus grand à l'Esprit Saint. C'est ma marraine qui m'a dit cela. Et moi j'y crois.»

■ «La confirmation, c'est un sacrement dans lequel l'Église reconnaît les baptisés voulant vivre leur baptême avec lucidité. Et vivre en vrai confirmé, c'est reconnaître, dans la foi, le Seigneur Jésus. C'est aussi vivre au milieu des autres en étant témoin de la Bonne Nouvelle annoncée par Jésus», explique une animatrice de pastorale à des jeunes du secondaire.

Ces faits peuvent-ils nous aider à réfléchir sur le sens du sacrement de confirmation

— dans notre vie personnelle?
— dans notre relation aux autres?
— dans notre relation à Dieu?

Quelle place occupe la confirmation dans notre expérience de vie?

C'est en lui [*le Christ*] *que vous aussi, après avoir entendu la Parole de vérité, l'Évangile de votre salut, et y avoir cru, vous avez été marqués d'un sceau par l'Esprit de la Promesse, cet Esprit Saint qui constitue les arrhes de notre héritage, et prépare la rédemption du Peuple que Dieu s'est acquis, pour la louange de sa gloire.*

Ép 1,13-14

[...] *tous les chrétiens, partout où ils vivent, sont tenus de manifester de telle manière, par l'exemple de leur vie et le témoignage de leur parole, l'homme nouveau qu'ils ont revêtu par le baptême, et la force du Saint Esprit qui les a fortifiés au moyen de la confirmation, que les autres, réfléchissant à leurs bonnes œuvres, glorifient le Père et perçoivent plus pleinement le sens authentique de la vie humaine et le lien universel de communion des hommes.*

Ad Gentes, art. 11

POURQUOI CÉLÉBRER LE SACREMENT DE LA CONFIRMATION?

■ *Parce que ce sacrement aboutit à une référence décidée au Christ...*

Le baptême apporte avec lui la sagesse, ce don de l'Esprit Saint qui agit de telle manière que celle ou celui qui l'a reçu et y est fidèle a ce goût de faire place à Dieu dans sa vie.

La confirmation ouvre davantage la personne baptisée à l'accueil de cette sagesse et de sa mise en œuvre dans l'ensemble de la vie. Ainsi, la confirmation produit dans l'Église et dans les sujets du sacrement ce goût de l'Esprit qui est Dieu soufflant sur le monde un vent d'audace libératrice. Un élan vital ordonné à ouvrir à la personne, aux peuples, au monde un avenir de justice, de paix, de concorde, de joie profonde tel que le veut pour lui le Seigneur de l'univers.

La foi nous amène à reconnaître que cet avenir du monde s'enracine dans cette histoire où Jésus, Fils du Père a été porteur de l'Esprit. La confirmation attache à ce Christ ressuscité toujours présent et agissant auprès de Dieu et dans le monde de tous les temps.

C'est sans naïveté, conscient de sa faiblesse et des pièges partout cachés, que la personne baptisée réaffirme, au moment de sa confirmation, la foi de son baptême. En même temps, les illusions étant moindres, elle redit son espérance en la promesse de Dieu, en ce Royaume évangélique déjà là mais pas encore réalisé de façon pleine et entière.

■ *Parce que ce sacrement ouvre une double avenue au baptême...*

Quand l'Église confirme ses membres, elle les marque du signe de l'Esprit: «Sois marqué de l'Esprit Saint, le don de

Dieu.» C'est la première avenue. Pour aller jusqu'au bout de son baptême, qui n'a pas besoin de l'Esprit?

> La vie chrétienne dans l'Esprit, on la reconnaît à plusieurs traits. Celui de l'intériorité qui conduit à entrer dans le mystère de Dieu pour y entendre la révélation de son amour et lui dire «Abba, Père». Celui de la force, de la vigueur qui donne courage pour agir à la manière de Jésus. Celui de la mise en œuvre des charismes dans la communion fraternelle en vue du bien de tous. Celui de la persévérance dans la foi qu'on approfondit, qu'on engage, qu'on célèbre.

Quand l'Église confirme ses membres, elle les rassemble aussi sous le signe de l'évêque. C'est la deuxième avenue. L'évêque est le ministre ordinaire de la confirmation. C'est lui aussi qui préside à la communion ecclésiale dans l'Église locale ou particulière. Il porte aussi le souci de la communion entre les Églises et particulièrement avec celle de Rome.

> L'aventure chrétienne se vit en Église. On ne vit pas sa foi dans l'isolement. La confirmation le dit en clair. Ce sacrement qui actualise la présence de l'Esprit met aussi en lumière la dimension ecclésiale. L'unité de l'Église étant fragile — la naïveté première disparue, on l'admet facilement — la présence de l'évêque manifeste clairement aux nouveaux confirmés qu'ils doivent, avec lui, en porter la responsabilité.

■ *Parce que ce sacrement est celui d'une Église chargée d'une mission...*

L'Église a pour mission d'évangéliser, d'annoncer au monde la Bonne Nouvelle de l'amour de Dieu qui s'exprime au mieux dans la Pâque de Jésus. Comblée des dons de l'Esprit auxquels ses membres sont davantage ouverts par et dans la confirmation, elle les envoie propager cette Bonne Nouvelle de multiples manières partout où ils vivront. Le courage de la foi et du témoignage les habite. Ils sont partenaires dans la transmission de l'Évangile.

Cette mission, l'Église l'accomplit en fidélité à la tradition vivante qui est la sienne. Par la confirmation, elle fait, pour ainsi dire, tradition. Elle ne perd pas sa mémoire: elle la confie aux confirmés pour qu'ils la gardent comme un trésor. Mais la leur confiant, elle la soumet à la nouveauté de l'Esprit qui agit en ces confirmés pour que l'Église aille de l'avant rejoindre les humains là où ils sont.

■ *Parce que, dans ce sacrement, l'Église est à la fois confirmée et confirmante...*

L'Église qui confirme l'expérience chrétienne redécouvre la solidarité évangélique et spirituelle de celles et ceux qui sont devenus disciples du Christ par le baptême. Elle est alors confirmée dans sa volonté de répondre au désir de son Maître qui lui confie d'être «sel de la terre», pour donner goût à la vie.

Confirmant des baptisés qui ont poursuivi leur initiation, les confirmant au sortir de leur naïveté — celle de la première appartenance ecclésiale —, l'Église est encore confrontée par eux. La rencontre qui s'opère entre la nouveauté et l'expérience ne peut qu'engendrer la conversion et conduire l'Église confirmée à se laisser pousser par un vent de Pentecôte.

Mémorial du baptême, la confirmation le prolonge, l'explicite, le déploie. Elle l'actualise sans rien lui ajouter mais elle redit que la vie baptismale toute plongée en la mort-résurrection du Christ a un avenir puisque Dieu est toujours à l'œuvre dans cette vie.

L'Église de la confirmation se convainc elle-même qu'elle doit être le lieu privilégié de la manifestation de l'Évangile. Elle se soumet volontairement et librement au souffle de l'Esprit, car sans lui, l'Évangile risquerait de n'être que lettre plutôt qu'esprit. Or la confirmation restera toujours un sacrement de la liberté spirituelle.

Que penser de ces raisons?

Y en aurait-il d'autres?

UN DIALOGUE IMPORTANT ENTRE DEUX PERSONNES SE PRÉPARANT À LA CONFIRMATION

—Je n'ai jamais si bien compris le sens des gestes sacramentels.

—Alors, explique-moi pourquoi l'évêque nous imposera les mains.

— Ça ne s'explique pas. Ça se voit. Quand on pose la main sur la tête de quelqu'un, c'est souvent pour le protéger, pour le bénir, pour dire du bien de lui, pour lui souhaiter du bien.

— Explique-moi l'onction avec le saint-chrême.

— Ça ne s'explique pas, ça se sent. Une huile parfumée sur la peau, cela adoucit, cela embaume. Parce que marqués du saint-chrême, nous deviendrons responsables de porter dans le monde la bonne odeur du Christ.

L'essentiel est que le sacrement de confirmation fasse du confirmé un chrétien capable de témoigner de sa foi: un chrétien qui réponde à la responsabilité dont ce sacrement l'investit à l'intérieur de l'Église, pour l'accomplissement de sa mission.

R. Marlé

DIEU, L'ÉGLISE ET LA PERSONNE BAPTISÉE À L'ŒUVRE DANS LE SACREMENT DE LA CONFIRMATION

Dieu porte aux confirmés un amour de prédilection...

Jadis en Palestine...

■ Dieu contemple Jésus de Nazareth qui réalise la prophétie d'Isaïe: «L'esprit du Seigneur est sur moi, parce qu'il m'a consacré par l'onction pour porter la Bonne Nouvelle aux pauvres; Il m'a envoyé annoncer aux captifs la délivrance et aux aveugles le retour à la vue, renvoyer en liberté les opprimés, proclamer une année de grâce du Seigneur.» (*Lc* 4,18-19)

■ Par Jésus de Nazareth, Dieu investit les disciples d'une mission et les envoie deux par deux: «Voici que je vous envoie [...] En toute ville où vous entrez et où l'on vous accueille, mangez ce qu'on vous sert; guérissez les malades et dites aux gens: "Le Royaume de Dieu est tout proche de vous."» (*Lc* 10,8-9)

■ En Jésus de Nazareth, Dieu confie à Simon d'affermir ses frères dans la foi: «J'ai prié pour toi afin que ta foi ne défaille pas. Toi donc, quand tu seras revenu, affermis tes frères.» (*Lc* 22,32)

Aujourd'hui, dans le sacrement de la confirmation...

■ Dieu veut investir les baptisés de son Esprit Saint pour qu'ils continuent à agir à la manière de Jésus prenant le parti des pauvres, des mal nantis, des exclus et leur annonçant la Bonne Nouvelle.

■ Il les envoie dans le monde, non pas seuls, mais dans la communion de l'Église qui s'y disperse pour œuvrer à l'avènement du Royaume de justice et de paix annoncé par Jésus.

■ Il confirme les baptisés dans la foi de leur baptême pour qu'ils se confortent les uns les autres, gérant l'écart entre leur foi personnelle et celle de toute l'Église.

Dans ce sacrement, Dieu dit à la personne confirmée: «Mon amour souffle où il veut. Il souffle sur toi une force qui ressuscite toute vie et renouvelle la face de la terre. Comme Pierre, Jacques, Jean et les autres enflammés au jour de la Pentecôte, je te choisis pour t'envoyer en plein monde y être témoin de la résurrection.»

L'Église a toujours porté attention aux confirmés...

Pour affirmer cela de l'Église, il faut n'avoir pas une idée trop étroite de ce qu'est un sacrement. Il ne faut pas non plus chercher à identifier un moment et un geste dans la vie de Jésus qui prouveraient qu'il a institué et qui relateraient comment il a institué la confirmation. En effet, outre les sacrements du baptême et de l'eucharistie, il n'y a pas de sacrements présentés très clairement comme ayant été institués par le Christ dans les évangiles. Cela est particulièrement vrai de la confirmation.

Pourtant, quand elle célèbre la confirmation, l'Église se montre fidèle à l'héritage que lui a légué son Seigneur. Elle se reporte d'abord à la promesse de l'Esprit que Jésus a faite à ses apôtres. Certes, tous les sacrements sont les sacrements de l'Esprit Saint. Mais il peut y avoir un lien entre la confirmation et cette promesse de Jésus: «Lorsqu'on vous conduira devant les synagogues, les magistrats et les autorités, ne cherchez pas avec inquiétude comment vous défendre ou que dire, car le Saint Esprit vous enseignera à cette heure même ce qu'il faut dire.» (*Lc* 12,11-12) De même, l'Église qui confirme peut se souvenir de la promesse du Consolateur que Jésus dit vouloir envoyer d'auprès du Père pour lui rendre témoignage et pour habiliter ses disciples à être ses témoins (cf. *Jn* 15,26-27).

Mais c'est surtout pour que la Pentecôte soit actualisée et continuée dans la vie de l'Église et dans celle du monde que la confirmation est célébrée. Ainsi, on peut reconnaître la confirmation comme étant à la Pentecôte ce que le baptême est à Pâques. Deux aspects d'un même mystère qui se continue et se révèle.

Quoi qu'il en soit, dans les trois premiers siècles de l'Église, les sacrements de l'initiation chrétienne étaient célébrés ensemble. On était baptisé, confirmé et on communiait pour la première fois lors d'une même célébration. À vrai dire, on ne parlait pas de la confirmation. On parlait de la chrismation, d'une onction faite par l'évêque sur les nouveaux baptisés. Ces derniers venant d'être plongés dans la piscine baptismale par un prêtre, un diacre ou une diaconesse les remontaient de la piscine et c'est à ce moment, en la nuit de Pâques ou à la veillée de la Pentecôte, qu'ils recevaient de l'évêque l'imposition des mains ou une onction d'huile parfumée, ou même les deux. Ils étaient ensuite marqués d'une croix sur le front. C'est l'évêque qui concluait ainsi le baptême et qui accueillait les néophytes dans l'assemblée eucharistique.

Avec le IVe siècle, le baptême des nouveau-nés est généralisé. On n'attend donc plus à Pâques ou à la Pentecôte pour les baptiser. L'évêque ne peut présider tous les baptêmes, d'autant plus qu'il lui est impossible de toujours se rendre dans les campagnes pour baptiser. Que faire? On peut choisir entre deux solutions: ou bien les prêtres et les diacres baptisent dès que possible et l'évêque confirme plus tard lors de sa visite pastorale dans les campagnes; ou bien les prêtres confirment immédiatement ceux qu'ils baptisent avec le chrême consacré par l'évêque. Les Églises de rite oriental ont choisi cette dernière pratique qui dure encore aujourd'hui. L'Église occidentale a opté pour la première solution. Le prêtre baptise et, plus tard, l'évêque accomplit les rites post baptismaux de l'imposition des mains et de la chrismation. Au ve siècle, on parlera de la confirmation considérant que c'est le baptême et non le baptisé que l'évêque confirme.

Au Moyen Âge, on comprend la confirmation comme étant le sacrement qui fait du baptisé un soldat du Christ. La confirmation est perçue symboliquement comme l'armure du chrétien. Cette perception durera jusqu'au xxe siècle. Elle s'enracine dans ce que Fauste de Riez, un évêque breton du ve siècle, avait mis de l'avant en disant: «[...] la confirmation arme et équipe ceux qui ont à affronter les combats et les luttes de ce monde».

En 1274, arrive le deuxième concile de Lyon qui rappelle que l'Église romaine reconnaît sept sacrements et précise: «Les évêques confèrent la confirmation par l'imposition des mains et l'onction d'huile sur les baptisés.»

Deux siècles plus tard, le concile de Florence définit ainsi la confirmation: «Le deuxième sacrement est la confirmation. Sa matière est le chrême, composé d'huile, qui signifie la pureté de la conscience, et de baume, qui signifie l'éclat d'une bonne réputation; il est béni par l'évêque. Sa forme est: "Je te confirme par le chrême du salut, au nom du Père et du Fils et du Saint Esprit."» De plus, ce concile définit que c'est l'évêque qui est le ministre ordinaire de la confirmation puisqu'il succède aux apôtres et que seuls les apôtres «donnaient l'Esprit Saint en imposant les mains». Enfin, le concile de Florence précise l'effet du sacrement de la confirmation: «permettre au chrétien de confesser courageusement le nom du Christ puisque l'Esprit Saint lui est donné pour le rendre fort [...]»

Au XVIe siècle, le concile de Trente réaffirme les énoncés du concile de Florence en faisant l'apologie du sacrement contre les réformateurs protestants. Il faudra attendre Vatican II pour ouvrir à nouveau le dossier de la confirmation.

Le mérite de ce concile du XXe siècle aura été de bien vouloir manifester le lien intime de la confirmation avec l'ensemble de l'initiation chrétienne et de situer ce sacrement dans le cheminement des baptisés qui grandissent dans la foi. Vatican II demande donc la révision des rites du sacrement pour mettre en lumière la part de ce sacrement dans le parcours initiatique chrétien. Suite à ce concile, en 1971, Paul VI promulgue le nouveau rituel de la confirmation où il affirme que des deux rites majeurs du sacrement, l'imposition des mains et l'onction avec le saint-chrême, c'est le second qui est essentiel. De plus la parole qui accompagne l'onction sera désormais: «N., sois marqué de l'Esprit Saint, le don de Dieu.»

Dans ce sacrement, l'Église dit à la personne confirmée: «Tu as franchi une étape importante de ta vie chrétienne: il est bon de le célébrer. Dieu continue d'accomplir en toi l'œuvre qu'il a commencée pour que tu deviennes toujours plus fort dans ta vie à la suite de Jésus. Développe en toi la joie d'être son disciple. Cette vie de disciple, vis-la avec les autres qui sont tes sœurs et frères dans la communion ecclésiale. Viens, tu as déjà ta place dans cette communion: apporte ton espérance, tes questionnements, les projets que tu crois être ceux de l'Esprit Saint. Puis, va dans le monde pour y accomplir ta part de la mission: annonce l'Évangile, la Bonne Nouvelle de Jésus Christ.»

La personne confirmée a une vocation particulière...

La confirmation réitère les dons de l'Esprit déjà reçus dans le baptême.

Dans ce sacrement, la personne confirmée dit: «Je suis comblée de la sagesse: je développerai en moi le goût, le désir de Dieu. Je suis comblée du don de connaissance: je chercherai à répondre aux grandes questions de l'existence à la lumière de l'Évangile. Je suis comblée des dons de conseil et de force: je prendrai les décisions conformes à ce que le Seigneur attend de moi dans la gérance de ma vie et je serai fidèle à ces décisions. Je suis comblée du don de l'affection filiale: j'aimerai Dieu comme mon Père et les autres comme mes sœurs et frères. Je suis comblée du don d'adoration et de louange: je célébrerai les merveilles du Seigneur en m'adonnant à la prière et à la pratique des sacrements. Je suis comblée du don d'intelligence: j'accorderai mes paroles à mes pensées, mes manières d'agir à ma foi. Avec la grâce de Dieu, je participerai de mon mieux à la communion de l'Église croyante, agissante et célébrante.»

Seigneur mon Dieu,
par le baptême, tu m'as fait passer de la mort à la vie:
c'était une pâque.
Par la confirmation, tu m'ouvres encore
à l'accueil de l'Esprit:
c'est une pentecôte.

> Comme il a fallu la Pentecôte
> et l'effusion de ton Esprit Saint
> pour que les Apôtres partent annoncer
> la résurrection de Jésus,
> il me faut, à moi, ce même esprit
> qui me bouscule et me fortifie.
> Qu'il me guide pour que je vive
> mon baptême au grand jour,
> sans peur, avec courage...

Le baptême m'appelle à l'action de grâce,
à l'eucharistie.
Et, par l'Esprit Saint qui m'est donné,
la confirmation m'habilite
à reconnaître tes bienfaits.

> Fais de moi une personne véritablement initiée
> qui entre toujours plus avant dans ton mystère,
> celui du salut réalisé en Jésus ton Fils, le Messie.
> Que dans l'assemblée eucharistique et dans toute ma vie,
> je fasse monter vers toi mon chant de louange.

Par le baptême tu me faisais entrer dans ton Église,
dans ton peuple toujours en marche vers toi.
C'était la fête de mon accueil dans la famille

de tes filles et de tes fils.
La confirmation m'appelle à une communion
toujours plus grande
dans cette Église que tu aimes.

> Fais-moi grandir dans cette communion fraternelle:
> que j'y vive le partage, la concorde, le pardon.
> L'évêque qui m'a imposé les mains
> et marqué d'une onction
> se doit d'être garant et artisan de cette communion:
> donne-moi de communier aux intentions
> de Jésus, pasteur de ton Église.

Le peuple des baptisés est un peuple appelé à grandir.
L'expérience chrétienne s'acquiert,
elle n'est pas donnée une fois pour toutes.
La confirmation me parle de la croissance ecclésiale
et m'appelle à y participer.

> Que ton Esprit Saint me fasse grandir en Église:
> qu'il me soutienne pour que je vive
> une vie vraiment fraternelle
> accordée à la foi et aux valeurs évangéliques,
> qu'il me fortifie pour que je m'engage
> au cœur du monde,
> qu'il crée en moi le désir de te bien célébrer.

Le baptême m'a fait entrer dans une communauté
missionnaire en plein monde
en vue de l'avènement du Royaume promis par le Christ.
La confirmation m'envoie dans ce monde
pour que je participe à le rendre plus beau.

Que ton Esprit fasse de moi un prophète de la justice,
un prophète de la paix,
un prophète du partage des richesses et des talents,
un prophète de la conversion
parlant et agissant à la manière de ton Fils, Jésus.

Par le baptême tu m'as appelé par mon nom
et tu m'as dit: «Vis et croîs comme l'herbe des champs.»
Et sous ton regard, j'ai grandi.
Dans la confirmation, tu attestes ma croissance
et tu en appelles encore à ma responsabilité.

Que ton Esprit Saint lui-même me confirme
dans ma vocation baptismale.
Qu'il me donne le goût d'être à ton service.
Qu'il me comble de son conseil et de sa force
pour que, pleinement, je participe
à la mission de l'Église.

Seigneur mon Dieu,
ma confirmation était déjà en germe
dans mon baptême
comme la Pentecôte était déjà promise
par la Pâque du Christ.

Les disciples de Jésus n'ont compris la grâce pascale
que dans l'accueil de ton Esprit Saint.
Fais que je n'étouffe pas en moi son souffle,
que je ne l'emprisonne pas en ma tiédeur.
C'est au vent de l'Esprit que je veux me laisser guider.

Amen.

L'EUCHARISTIE

Puis, prenant du pain, il rendit grâces, le rompit et le leur donna, en disant: «Ceci est mon corps, donné pour vous; faites cela en mémoire de moi.» Il fit de même pour la coupe après le repas, disant: «Cette coupe est la nouvelle Alliance en mon sang, versé pour vous.»

Lc 22,19-20

LE SACREMENT QUI NOURRIT LA FAIM

■ Lors d'une rencontre d'un petit groupe de partage de foi, huit personnes se disent les unes aux autres ce qu'est l'eucharistie pour elles. Paul, un travailleur manuel en chômage depuis trois mois, ne parle pas souvent. Soudain, presque sur le ton de la confidence, il dit: «Dans un monde où tant de femmes, d'hommes et d'enfants meurent de faim, ce n'est pas rien que Jésus se fasse pain.»

■ Marie-Soleil a seize ans. Le dimanche, elle ne veut plus se rendre à l'église pour y célébrer l'eucharistie. Elle dit à sa mère:

— J'ai décidé de ne plus aller à la messe. Je n'en sens pas le besoin.

Sa maman lui répond tout doucement:

— Moi, j'aurais tant besoin que tu y viennes avec moi.

■ Lors d'une réunion regroupant des agentes et agents de pastorale, Dominique demande: «Parvenez-vous à comprendre comment il se fait que lors des célébrations de mariage ou de funérailles, tous les gens viennent communier alors qu'ils ne participent même pas à l'eucharistie dominicale?»

■ «Mon merci à Dieu, il est bien petit. Mais à l'eucharistie, il est comme une goutte d'eau dans l'océan d'action de grâce de l'Église. C'est pour cela que chaque dimanche, je viens à la célébration», confie une baptisée adulte à sa marraine.

■ Fabrice dit souvent: «Si je ne participais pas à l'eucharistie, je pourrais hésiter à m'engager au service des plus pauvres. Mais l'eucharistie me renvoie toujours à donner un peu de ma vie pour les autres.»

Ces faits peuvent-ils nous aider à réfléchir sur le sens du sacrement de l'eucharistie

— dans notre vie personnelle?
— dans notre relation aux autres?
— dans notre relation à Dieu?

Quelle place occupe l'eucharistie dans notre expérience de vie?

En vérité, en vérité, je vous le dis, si vous ne mangez la chair du Fils de l'homme et ne buvez son sang, vous n'aurez pas la vie en vous. Qui mange ma chair et boit mon sang a la vie éternelle et je le ressusciterai au dernier jour. Car ma chair est vraiment une nourriture et mon sang vraiment une boisson. Qui mange ma chair et boit mon sang demeure en moi et moi en lui.

Jn 6,53-56

[...] *par la célébration de l'Eucharistie du Seigneur en chaque Église particulière, l'Église de Dieu s'édifie et grandit et la communion entre elles se manifeste par la concélébration.*

Unitatis Redintegratio, art. 15

POURQUOI CÉLÉBRER LE SACREMENT DE L'EUCHARISTIE[11]?

■ *Parce que ce sacrement est un passage de la mort à la vie...*

C'est dans le contexte de la fête juive de la Pâque que Jésus a partagé son dernier repas, la Cène, avant de mourir. Ce qu'il voulait célébrer avec ses apôtres, c'était d'abord la libération de son peuple ayant vécu en captivité en Égypte. Pour cette délivrance et pour toutes les merveilles de Dieu, dont le repas pascal faisait mémoire chaque année, Jésus voulait rendre grâce au Père. Il voulait, selon la coutume, reconnaître que ce que Dieu avait fait en faveur des générations qui l'avaient précédé, il le faisait encore et toujours. Pour Jésus, Dieu n'avait pas été le Sauveur autrefois seulement: il l'était aujourd'hui même.

Lors de ce repas festif et liturgique que les Juifs partageaient chaque année, ils mangeaient du pain sans levain et l'agneau pascal. Ils rappelaient ainsi les origines païennes de la Pâque. En effet, bien avant que les Israélites célèbrent la Pâque, les peuples nomades faisaient, au printemps, la fête du sang protecteur. Au nouvel an du printemps, ils tuaient un agneau et entouraient la tente de son sang pour éloigner les esprits mauvais qui apportaient la maladie, les souffrances et la mort. Les peuples sédentaires, eux, ceux qui cultivaient la terre, célébraient le printemps en fabriquant le pain du premier blé cueilli. Pour que ce blé ne soit souillé par rien, on le faisait cuire sans y ajouter de levain. Quand, vers le XIIe siècle avant Jésus Christ, les nomades et les sédentaires sont entrés dans la confédération des tribus israélites, ils ont apporté leurs rites. Rites auxquels les Juifs ont voulu donner

11. Deux autres chapitres sont consacrés à l'eucharistie dans cet ouvrage aux pages 131 et 185.

un sens nouveau. En mangeant le pain sans levain et l'agneau pascal, ils célébraient Dieu qui leur donnait la nourriture et la santé en même temps qu'il les libérait de l'oppresseur. Cette célébration les amenait à se situer à nouveau par rapport à la loi de Dieu et à s'engager à vivre dans la fidélité à cette loi.

Jésus, lui, à la veille de sa mort, voit venir son heure. Il ajoute un nouveau sens au pain: «Voici mon corps livré pour vous» (*Lc* 22, 19). Il ajoute un sens nouveau au vin: celui du sang versé. C'est sa vie donnée pour aller jusqu'au bout de sa mission. C'est sa vie donnée pour ceux qu'il aime: «Il n'y a pas de plus grand amour que de donner sa vie pour ses amis.» (*Jn* 15,13)

Certes, les apôtres ne comprennent pas immédiatement ce que fait et dit Jésus. C'est dans la lumière de la résurrection du Christ qu'ils saisiront progressivement le sens de ces événements. Lorsqu'ils seront parvenus à la foi en la résurrection, ils comprendront que l'eucharistie annonce, proclame et célèbre le passage de la mort à la vie de celui qui les amène et qui nous amène à passer dans son mystère.

Participer à l'eucharistie, c'est donc rappeler que Dieu nous fait passer de la faim au rassasiement; de la servitude à la liberté; de la mort à la vie. C'est reconnaître, dans l'action de grâce, que la résurrection de Jésus est le printemps d'un monde nouveau. C'est passer, personnellement et en Église, d'une manière de vivre centrée sur soi à une autre manière qui fait que, se tournant vers Dieu, on se tourne vers les autres, comme l'a si bien fait Jésus de Nazareth.

■ *Parce que ce sacrement fait l'Église...*

On peut affirmer cela de tous les sacrements. On le doit surtout de l'eucharistie et c'est pour cela que Paul admonestait les Corinthiens quand il leur reprochait la façon dont ils prenaient le repas du Seigneur (*cf.* *1 Co* 11,17s.). Alors que l'eucharistie est communion des baptisés à un même pain et à un même vin, il y avait chez eux des divisions; alors que le repas du Seigneur est célébration communautaire dans la charité, le leur était devenu repas pris dans l'égoïsme et le non-partage. Et Paul interroge: «[...] méprisez-vous l'Église de Dieu?» (*1 Co* 11,22)

L'eucharistie n'a rien d'un repas individuel. Ce serait la pervertir que de la considérer ainsi. L'eucharistie est un repas partagé dans l'écoute de la Parole et dans la communion à un même banquet présageant celui du Royaume en vue duquel se construit l'Église. L'eucharistie est la suprême confession de foi de l'assemblée chrétienne. Elle est un manger ensemble à la table de Dieu qui refait sa famille en affirmant sa communion, en fortifiant son espérance, en la préparant pour son action missionnaire. L'Église de l'eucharistie célèbre la mort réelle de Jésus tout autant que sa résurrection glorieuse. Elle n'est rassemblée que pour être envoyée lutter contre les forces de mort et apporter, grâce au Ressuscité, quelque chose qui chante la vie et la fait éclater.

Si l'eucharistie convoque les baptisés dans une grande action de grâce à Dieu, sa structure même les convainc qu'il n'y a pas de meilleure façon de lui rendre grâce que de recevoir ce qui vient de lui pour le partager aux humains de toujours et de partout qu'il aime tant et pour qui Jésus a donné sa vie. C'est là le sens des grandes intentions suivant, dans la prière eucharistique, ce qu'il est convenu de nommer l'épiclèse de communion, cet appel à l'Esprit pour qu'il garde dans l'unité toute l'Église et que celle-ci accomplisse sa mission dans le monde.

■ *Parce que ce sacrement appelle l'Église à être mémoire eucharistique de Jésus...*

On ne peut célébrer l'eucharistie sans entendre Jésus révéler ce qui l'a fait vivre jusqu'à l'acceptation de sa mort. Les Écritures accueillies dans la foi deviennent dans l'assemblée eucharistique, mieux que partout ailleurs, Parole de Dieu.

Tant par la liturgie de la Parole que par la liturgie eucharistique, il est donné à l'Église de contempler son Seigneur qui devient pain brisé et vin versé en service. La nuit même où il fut livré, Jésus a partagé avec les siens ce qui le consumait: son amour du Père, son amour des personnes ayant le plus besoin de lui, le désir d'aller jusqu'au bout de sa mission pour annoncer aux pauvres la Bonne Nouvelle. Dans l'eucharistie, l'Église — et chacun des baptisés en elle — se redit qu'à son tour elle doit être pain rompu pour la faim du monde, vin versé pour sa joie. Son existence et sa mission s'enracinent dans la vie, la mort et la résurrection de Jésus dont elle fait mémoire.

Ainsi, l'Église qui célèbre le mémorial de la Pâque du Seigneur rappelle devant Dieu, qui s'en souvient en sa faveur et en faveur de l'humanité, la libération apportée par le Christ dans l'acte de sa Rédemption. Faisant cela, elle s'engage à être mémoire évangélique et eucharistique de ce Jésus.

Que penser de ces raisons?

Y en aurait-il d'autres?

UN DIALOGUE IMPORTANT ENTRE DEUX PERSONNES REVENANT DE L'EUCHARISTIE, UN CERTAIN DIMANCHE

— L'eucharistie est bien le repas du pain de vie...

— Et ce pain que nous avons reçu nous fait devenir pain pour les autres.

— C'est un repas qui nous promet à la résurrection pour la vie éternelle...

— Et cela nous pousse à nous demander ce que nous voulons éterniser.

— C'est un repas partagé entre sœurs et frères baptisés d'un même baptême...

— Et cela nous amène à bâtir la communion ecclésiale.

— C'est un repas dans lequel se réactualisent la vie, la mort, la résurrection du Christ.

— Et cela éveille en nous l'espérance qui nous rend aptes à annoncer la Bonne Nouvelle.

— C'est un repas d'action de grâce qui nous promet au Royaume.

— Et cela nous dispose à rendre grâce à Dieu et à reconnaître les autres comme ses enfants.

Faire mémoire
lève toutes les barrières,
renverse tous les murs,
saute toutes les distances,
bouleverse toutes les années.
Quand l'eucharistie fait mémoire,
la mort et la résurrection de Jésus
sont là, avec nous.

J. DEBRUYNNE

DIEU, L'ÉGLISE ET LA PERSONNE BAPTISÉE À L'ŒUVRE DANS LE SACREMENT DE L'EUCHARISTIE

Dieu porte aux baptisés vivant de l'eucharistie un amour de prédilection...

Jadis en Palestine...

■ En Jésus de Nazareth, Dieu prend pitié de la foule qui a faim: «Ayant donné l'ordre de faire étendre les foules sur l'herbe, il prit les cinq pains et les deux poissons, leva les yeux au ciel, bénit, puis rompant les pains, il les donna aux disciples qui les donnèrent aux foules. Tous mangèrent et furent rassasiés, et l'on emporta le reste des morceaux: douze pleins couffins!» (*Mt* 14,19-20)

■ Dieu donne au monde, comme pain du ciel, Jésus de Nazareth qu'il relèvera de la mort: «En vérité, en vérité, je vous le dis, non, ce n'est pas Moïse qui vous a donné le pain qui vient du ciel; mais c'est mon Père qui vous le donne, le pain qui vient du ciel, le vrai; car le pain de Dieu, c'est celui qui descend du ciel et donne la vie au monde. [...] Je suis le pain de vie. Qui vient à moi n'aura jamais faim; qui croit en moi n'aura jamais soif.» (*Jn* 6,32-35)

■ Par Jésus de Nazareth, Dieu appelle à la vie éternelle: «En vérité, en vérité, je vous le dis, si vous ne mangez la chair du Fils de l'homme et ne buvez son sang, vous n'aurez pas la vie en vous. Qui mange ma chair et boit mon sang a la vie éternelle et je le ressusciterai au dernier jour.» (*Jn* 6,53-54)

Aujourd'hui, dans le sacrement de l'eucharistie...

■ Dieu veut combler la faim de celles et ceux qui sont devenus ses filles et ses fils par le baptême. Il les invite à sa table.

■ Il rend réellement présente la Pâque de Jésus, grâce à l'Esprit Saint qui, venant sur le pain et le vin, les transforme, pour les croyants, en corps et sang de Jésus. Dieu veut faire passer les disciples de Jésus dans sa Pâque. Il les fait passer de la mort à la vie, vie éternelle déjà promise dans le baptême.

■ Faisant du pain et du vin la présence du Ressuscité, il invite ceux qui participent au sacrement à transformer quelque chose de leur vie afin qu'à leur tour, ils donnent eux-mêmes à manger et à boire à ceux qui ont faim et soif.

Dans ce sacrement, Dieu dit à la personne qui célèbre l'eucharistie: «Tu es ma fille, mon fils: viens prendre place à ma table et te nourrir d'une vie donnée pour toi et pour le monde. Viens célébrer cette vie qui ne finira pas. Viens avec les autres, en Église, partager dans la foi la Parole et le Pain qui te fortifient pour continuer à vivre en véritable disciple de mon Fils Jésus. Viens le laisser passer en toi afin que tu passes en lui.»

L'Église a toujours porté attention aux baptisés qui célèbrent l'eucharistie...

L'eucharistie est au centre de la vie de l'Église depuis les origines. Sans eucharistie, il n'y aurait pas d'Église. Les Actes des Apôtres disent des premiers chrétiens et, donc, de la première communauté chrétienne: «Ils se montraient assidus à l'enseignement des apôtres, fidèles à la communion fraternelle, à la fraction du pain et aux prières.» (*Ac* 2,42)

Dès après la Pentecôte, *la fraction du pain* ou, comme le dit Paul dans sa première lettre aux Corinthiens, *le repas du Seigneur* rassemble l'Église. On nomme ainsi l'eucharistie. Et lors de ce repas, en mémoire du Christ on prend le pain, on rend grâce — c'est ce que signifie *faire eucharistie* —, on rompt le pain, on le partage. Puis on agit de manière semblable avec la coupe. Ainsi, on refait les gestes de Jésus lors de son dernier repas. Ces gestes, on les réitère tout au long de l'histoire, jusqu'à aujourd'hui, même si, au cours des siècles, des accents particuliers sont privilégiés dans la célébration de ce sacrement.

Au cours des premiers siècles de l'Église, les chrétiens croient que le retour du Seigneur est imminent. C'est dans l'attente de ce retour qu'ils célèbrent l'eucharistie comme le repas qui annonce ce retour. Ils le partagent dans les maisons de l'un ou de l'autre où ils se rassemblent. Très tôt, ce rassemblement a lieu *au jour du soleil*, le premier de la semaine qu'on appelle *le jour du Seigneur*.

Au IIIe siècle, la Didaskalie des Apôtres rappelle l'importance de ce rassemblement dominical: «Que nul ne diminue l'Ekklésia en ne s'y rendant pas pour ne pas diminuer d'un membre le Corps du Christ. Ne déchirez pas le Corps du Christ!»

Certes, il n'y a pas encore de rituel précis pour la célébration. On s'inspire de la liturgie de la synagogue que les Juifs convertis connaissent bien. On lit les écrits des apôtres. On les commente. On récite des psaumes de louanges. Puis on apporte aux malades qui n'ont pu venir au rassemblement le pain que leur envoie l'assemblée.

En l'année 313, l'empereur Constantin reconnaît le christianisme comme religion d'État. Il n'y a plus aucun risque de persécution et le nombre des chrétiens augmente de façon très importante. On ne peut plus se rassembler à domicile pour y célébrer l'eucharistie. On se réunit d'abord dans les bâtiments impériaux, puis on construit des *maisons d'Église*.

Il faut un plus grand nombre de ministres. Ils ne sont pas tous formés pour présider l'assemblée. C'est alors que des sacramentaires, des lectionnaires commencent à paraître. On remarque une grande diversité dans ces livres liturgiques selon les diverses régions et, il va sans dire, selon les cultures différentes. Il en est ainsi jusqu'au VIIIe siècle.

Si, entre les IVe et VIIIe siècles, on a créé des liturgies diversifiées, à partir du VIIIe jusqu'au XVIe, on veut unifier les rituels. On le fait pour des motifs religieux et politiques.

Ainsi, dès 794, l'empereur Charlemagne impose de réciter le *Credo* de Nicée-Constantinople après la lecture de l'Évangile. Des formulaires romains sont imposés à la Gaule où on introduit aussi le chant liturgique romain qui deviendra le chant grégorien.

L'eucharistie semble devenir le culte de l'Empire. La participation du peuple est moins évidente. Beaucoup de prières privées sont dites par le seul président. La prière eucharistique est dite à voix basse pendant que la *schola*, composée le plus souvent de moines, chante.

Dès le IXe siècle, le peuple participe de moins en moins activement à l'action liturgique. Par crainte du péché, il s'éloigne de la manducation du pain eucharistique qui est devenu un pain azyme. Il ne boit plus à la coupe. On en vient même, à cette époque, à recevoir à genoux le pain déposé sur la langue.

Au XIIIe siècle, le quatrième concile du Latran doit obliger les baptisés à communier au moins une fois chaque année, à l'occasion de la fête de Pâques, après avoir confessé leurs péchés.

On en arrive à une telle privatisation de l'eucharistie que les chrétiens s'adonnent de plus en plus à leurs dévotions personnelles pendant la célébration liturgique où seuls les ministres semblent être actifs et célébrants.

Au XVIe siècle, le concile de Trente prend au sérieux la situation et veut la corriger. Il demande au pape Pie IV d'accomplir une réforme. Malheureusement, à sa mort, son successeur Pie V promulgue le missel de la curie romaine qui est construit pour la célébration des messes privées sans participation du peuple chrétien. C'est ce missel qui se répand en Occident même si des Églises particulières peuvent conserver leur propre rituel à condition que ce dernier soit en usage depuis plus de 200 ans.

Entre le concile de Trente et celui de Vatican II, il faut remarquer une certaine évolution due pour une bonne part au renouveau biblique, patristique et historique qui appelle un retour aux sources. À côté de pratiques contestables comme celles de réciter le chapelet pendant la messe ou de privilégier le salut du saint-sacrement à l'eucharistie, d'heureux essais sont à remarquer.

Ainsi, dès le XVIIe siècle, on traduit le missel pour l'usage des fidèles. Le plain-chant populaire est entendu dans les églises. Au milieu du XIXe siècle, Dom Guéranger présente *L'année liturgique* et des commentaires sur la liturgie. Au début du XXe siècle, Pie X invite à la communion fréquente; il souhaite la célébration de l'eucharistie dès l'âge de raison; il demande la participation active à la liturgie.

L'encyclique *Mediator Dei* de Pie XII publiée en 1947 est un document majeur de son pontificat. Ce même pape restaure la Veillée pascale et la Semaine sainte. Il encourage aussi les messes du soir et assouplit le jeûne eucharistique. Ces efforts conduiront à la réforme liturgique demandée par Vatican II.

En effet, ce concile s'engage dans la foulée de la réforme amorcée. Il définit l'eucharistie comme «la source et le sommet de la vie chrétienne[12]». Il veut que les rassemblements eucharistiques se rapprochent de la Cène du Seigneur en redonnant sa place au peuple des baptisés, en accordant plus d'importance à la liturgie de la Parole et à la prière d'action de grâce, en réintroduisant la prière universelle, la communion dans la main et, en certaines circonstances, la communion à la coupe.

Dans ce sacrement, l'Église dit à la personne qui célèbre l'eucharistie: «Tu es membre d'un corps unique, celui du Christ. Tu participes à l'unité de ce corps voulu par lui. Ta voix est importante dans le concert d'action de grâce à notre Dieu. Viens, participe à la communion et à la louange. Puis, va ensuite partager la tâche de toute l'Église d'être sel pour rendre saveur à la terre, lumière pour éclairer le monde, pain pour nourrir la faim et vin pour apporter la fête.»

La personne participant à l'eucharistie a une vocation particulière...

Puisque dans l'eucharistie les chrétiens sont rassemblés pour accueillir ensemble la Parole de Dieu et le Pain de vie, ils se doivent de repartir, nourris de cette Parole et de ce Pain, pour en vivre. Ainsi, ils seront, au quotidien des jours, les témoins d'une foi vivante qui questionne le monde, d'une espérance contagieuse qui réveille la fête et d'une charité créatrice qui ouvre des voies à la justice et à l'union des esprits et des cœurs.

---

12. *Lumen Gentium*, art 11.

Puisqu'ils sont aussi rassemblés dans ce sacrement pour rendre grâce, ils sauront reconnaître, dans la vie de tous les jours, dans celle des personnes, des familles, des collectivités de tous genres, les merveilles du Seigneur. Leur vie elle-même sera comme un psaume de reconnaissance, comme un Magnificat à Dieu qui «élève les humbles et renvoie les riches les mains vides».

Puisqu'ils sont encore rassemblés dans ce sacrement pour célébrer l'Alliance dont le Dieu de Jésus Christ prend toujours l'initiative, ils consacreront leur vie à la fidélité à cette Alliance. Pécheurs toujours pardonnés, par la miséricorde de Dieu, ils se lèveront sans cesse sachant que Dieu les relève et leur ouvre, en la Pâque de Jésus, un avenir de liberté.

Dans ce sacrement, la personne qui célèbre l'eucharistie dit: «Parce que je suis membre du corps du Christ et nourrie de sa vie, je veux vivre à la manière de celui qui a mis sa foi et son espérance en Dieu, jusqu'au terme de sa vie terrestre et qui a aimé les siens jusqu'au prix de sa vie donnée. Avec lui et en lui, par toute ma vie, je rendrai grâce au Dieu qui fait passer de la mort à la vie. Fidèle à l'Alliance que je célèbre, je bénirai le Seigneur en accomplissant les œuvres de justice, de tendresse et de respect qui relèvent les petits et les humbles.»

QUELQUES TEXTES DONNANT À PENSER

Avançant, approche-toi sans allonger la paume de la main, sans écarter les doigts, mais ayant placé la main gauche sous la droite, comme un trône pour celle qui va recevoir le Roi, reçois dans le creux de la main le corps du Christ, en disant: Amen[13].

* * *

Tu veux honorer le corps du Christ? Ne le méprise pas lorsqu'il est nu. Ne l'honore pas ici, dans l'Église, par des tissus de soie, tandis que tu le laisses souffrir de froid et du manque de vêtements. Car celui qui a dit: «Ceci est mon corps», et qui l'a réalisé en le disant, c'est lui qui a dit: «Vous m'avez vu avoir faim et vous ne m'avez pas donné à manger»... Tu vois le Christ couvert de haillons, gelant de froid, tu négliges de lui donner un manteau, mais tu élèves des colonnes d'or dans l'église, en disant que tu fais cela pour l'honorer. Ne va-t-il pas dire que tu te moques de lui, estimer que tu lui fais injure et la pire des injures[14]*?*

* * *

Aucune communauté chrétienne ne peut se construire sans trouver sa racine et son centre dans la célébration de l'eucharistie[15].

* * *

La sainte eucharistie contient tout le trésor de l'Église, c'est-à-dire le Christ lui-même, lui notre Pâque, lui le pain vivant, lui dont la chair vivifiée par l'Esprit Saint et vivifiante donne la vie aux

---

13. Cyrille de Jérusalem, *Cinquième catéchèse mystagogique sur l'Eucharistie*, art. 21.
14. Jean Chrysostome, *Homélie 65, sur Matthieu*, art. 2-4.
15. Paul VI, Décret conciliaire *Presbyterorum Ordinis*, art. 6.

hommes, les invitant et les conduisant à offrir, en union avec lui, leur propre vie, leur propre travail, toute la création[16].

* * *

L'Église de l'eucharistie, en s'ouvrant au don de Dieu, forme un peuple de frères, membres les uns des autres et solidaires de toute l'humanité... Il ne suffit pas que nous soyons unis entre nous. Le Christ nous demande de concrétiser autour de nous ce qu'il nous donne dans l'eucharistie. Le pain partagé nous convertit en hommes de partage. La communauté eucharistique devient ainsi une force de transformation du monde, à la manière du levain qui soulève la pâte. On ne peut être uni au Christ et se tenir à distance des hommes qui ont faim et soif, qui sont étrangers, emprisonnés, malades, désarmés devant ceux qui les exploitent. Parce que le Christ s'identifie à ces hommes... Libérés et réconciliés par Dieu, comment ne lutterions-nous pas ensemble pour que les hommes vivent libres et réconciliés? C'est dans cet engagement historique et concret de la vie quotidienne que se vérifie la pratique eucharistique[17].

* * *

Les pauvres...
Voilà le peuple de Jésus
et quand Jésus vient au rendez-vous
de la communion,
il vient toujours avec son peuple.
[...]
Je ne peux pas communier à Jésus
sans communier à mes frères[18].

---

16. *Idem*, art. 5.

17. Congrès eucharistique, Lourdes, 1981, *Jésus Christ, pain rompu pour un monde nouveau*, p. 82.

18. J. Debruynne, *Eucharistie*, Mame, p. 164-165.

* * *

Là où une eucharistie est célébrée, là se trouve exprimé ouvertement ce qui est essentiel au christianisme; et c'est en célébrant l'eucharistie que les chrétiens se réinitient constamment aux mœurs évangéliques[19].

19. J.-Y. Garneau, *Des gestes d'amour* (sous la direction de M. Pelchat et M. Viau), Éditions Paulines, p. 61.

Seigneur mon Dieu,
comment ont-ils pu ne pas comprendre,
au soir du Jeudi saint,
Pierre, Jean et les autres,
ce qui se passait dans la vie de leur Maître?
Comment ont-ils pu ne pas réaliser
que Jésus parlait de sa vie qu'on allait lui prendre,
de sa vie donnée jusqu'à la mort?

Certes, il n'ont pas compris.
Autrement, ils l'auraient tous suivi au jardin des Oliviers.
Et les trois qui l'ont accompagné ne se seraient pas endormis
pendant que lui était en proie à d'atroces souffrances.
Non, ils n'avaient pas compris que c'était désormais
l'heure de la Pâque.
S'ils avaient compris son message de la Cène, ils auraient su
qu'on allait venir le prendre pour le mettre à mort.
Et ils n'auraient pas fui...

Mais, est-ce que je comprends mieux qu'eux tous?
Oh, je sais, je connais par cœur les textes
qui me révèlent le sens de ce repas, de l'eucharistie.
Oui, je sais... Mais est-ce que je comprends?
Est-ce que je prends en moi, en mon cœur, en tout mon être
ce mystère si grand de Jésus ton Fils
qui livre sa vie par amour
et m'invite à faire comme lui?

Il aura fallu la venue de l'Esprit
pour que les apôtres saisissent vraiment dans la foi
le grand amour de Jésus
entrant dans sa passion, dans sa mort, dans sa Pâque.

C'est vers toi qu'il passait,
vers toi qui le relèverais du tombeau.
Que cet Esprit vienne en moi:
qu'il transforme mon cœur comme il change le pain et le vin.

Oui qu'il repose sur moi
afin que je passe dans le mystère du Christ
comme le mystère du Christ passe en moi.
Qu'il plane aussi sur l'Église
afin qu'elle traverse le monde dans son passage vers toi.

Amen.

POUR CHEMINER SUR LA ROUTE DE LA VIE CHRÉTIENNE

LES SACREMENTS DE L'ITINÉRANCE

La réconciliation et le pardon
L'onction des malades
L'eucharistie

Il faut non seulement porter
le nom de chrétien, mais l'être.

IGNACE D'ANTIOCHE

À quoi sert-il d'être initié à un groupe, à une communauté si on n'en épouse ni les intentions, ni les projets, ni les pratiques? À quoi sert-il d'entrer dans l'Église si on ne vit pas comme un de ses membres qui met l'épaule à la roue pour relever les défis qu'elle rencontre dans sa vie à la suite du Christ?

Si l'apprentissage de la vie chrétienne relève surtout de l'initiation, son approfondissement dure tant que dure l'itinéraire d'une vie. La chrétienne, le chrétien s'engage à la suite de Jésus. Sa condition de disciple l'y amène. Sur la route de son quotidien, il n'est pas seul. On n'est jamais disciple du Christ tout seul: «Un chrétien, pas de chrétien!» Les secours que lui apportent la prière et la charité de l'Église lui sont précieux dans sa marche. Ainsi aidé, il se parfait à mesure qu'il se convertit, à mesure qu'il tourne son cœur vers Dieu pour développer en lui l'esprit des béatitudes. «Je suis prêt à me faire chrétien, disait Gandhi, si je trouve des chrétiens qui pratiquent le Sermon sur la montagne.»

Mais le chrétien restera toujours un pécheur. Pécheur pardonné, réconcilié, mais pécheur tout de même qui a besoin de s'entendre redire le pardon initial de son baptême. Or le pardon de Dieu est de toujours. Aucune faute ne peut l'arrêter et, présidant à l'itinérance chrétienne, ce Dieu réitère sacramentellement son pardon autant de fois que le baptisé se reconnaît pécheur et veut accueillir sa miséricorde dans le sacrement de la réconciliation. Pardonné, le pécheur est renvoyé à la responsabilité de pardonner lui-même. Sur la route de sa vie, il apprend, selon la belle expression de François Varillon, que «le pardon est le “don parfait”: en lui éclate la liberté de l'amour».

Au terme de l'itinéraire terrestre de toute personne, on entrevoit la mort. Le baptême dans la mort. Et cette plongée, le plus souvent, est précédée de la maladie ou de la vieillesse, temps de la vie où l'on a besoin d'être soutenu et aidé de façon particulière. Là encore, l'Église au nom du Christ se veut présente à la croisée du chemin. Dans le geste sacramentel de l'onction des malades, elle dit ce que Dieu réalise: la mort n'a pas le dernier mot de l'existence humaine.

Pour parcourir cette route, il faut bien se nourrir. L'Eucharistie sera, tout au long du périple, cette nourriture qui permet d'avancer jusqu'au jour où elle deviendra viatique, pain du voyageur qui, en sa mort, assume pleinement son baptême.

Sacrement du pardon et de la réconciliation, sacrement de l'onction des malades, sacrement de l'eucharistie, trois sacrements de la route. Voilà l'objet des trois prochains chapitres.

LA RÉCONCILIATION ET LE PARDON

Nous vous en supplions au nom du Christ:
laissez-vous réconcilier avec Dieu.

2 *Co* 5,20

LE SACREMENT QUI RENOUE LES LIENS BRISÉS

■ Julien a blessé Anne, son épouse, par des paroles brusques. Regrettant ce qu'il a fait, il s'enferme dans le silence. Après un moment, elle lui dit: «Je sais que tu regrettes ce que tu m'as dit. Je t'aime quand même. Je voudrais que nous parlions calmement de cet événement.» Émû, Julien dit à Anne: «Ç'aurait été à moi de faire les premiers pas.»

■ Catherine a profondément humilié ses parents en ne profitant pas de l'éducation qu'ils lui avaient donnée. De gaffe en gaffe, elle s'est retrouvée un jour devant les tribunaux, puis en prison. Ses parents vont la visiter autant de fois qu'il leur est possible de le faire. Les autres enfants de la famille leur disent: «Catherine vous a fait assez de mal. Vous devriez la laisser purger sa peine sans vous obliger à la consoler comme vous le faites.» La maman répond: «Catherine est notre enfant comme vous. Ce n'est pas parce qu'elle nous a déçus que nous allons cesser de l'aimer.» Quant au père, il interpelle ses enfants: «Auriez-vous oublié que Catherine est votre sœur et que, peut-être, en ce moment, elle a besoin de votre soutien?»

■ À l'occasion du Nouvel An, Roland Leclerc interview des enfants au terme de l'émission *Le jour du Seigneur* présentée à Radio Canada: «Quels sont vos souhaits pour la nouvelle année?» Une fillette répond: «Que les gens se pardonnent.» L'interviewer questionne à nouveau: «Mais c'est difficile de pardonner. As-tu une recette à nous donner?» Songeuse, la jeune fille reprend: «Non. Le pardon, c'est dans le cœur.»

Ces faits peuvent-ils nous aider à réfléchir sur notre expérience de la réconciliation et du pardon

— dans notre vie personnelle?
— dans notre relation aux autres?
— dans notre relation à Dieu?

Le sacrement de la réconciliation et du pardon peut-il rejoindre cette expérience?

Voici l'alliance que je conclurai avec la maison d'Israël. Je mettrai ma loi au fond de leur être et je l'écrirai sur leur cœur. Alors, je serai leur Dieu et eux seront mon peuple. [...] Tous me connaîtront des plus petits jusqu'aux plus grands parce que je vais pardonner leur crime et ne plus me souvenir de leur péché.

Jr 31,33-34

Ceux qui s'approchent du sacrement de pénitence reçoivent de la miséricorde de Dieu le pardon des offenses qu'ils lui ont faites; en même temps ils se réconcilient avec l'Église, que leur péché avait blessée et qui coopère à leur propre conversion par la charité, l'exemple et la prière.

Lumen Gentium, art. 11

POURQUOI CÉLÉBRER LE SACREMENT DU PARDON ET DE LA RÉCONCILIATION?

■ *Parce que ce sacrement n'est étranger à aucune réconciliation de la vie humaine...*

Il n'est pas étranger à l'effort de compréhension qui triomphe d'une crise de relation. Dès que des baptisés essaient de comprendre, en vue de le solutionner, le problème de la division ou de la rupture, Dieu est en eux promesse de réconciliation.

> Sébastien et Véronique vivent un conflit qui les sépare. Chacun essaie de comprendre ce qui s'est passé en vue de rétablir la relation.
>
> *Et Dieu est là, présent à leur peine et à leur effort.*

Il n'est pas étranger aux réflexions intimes qui veulent faire la vérité et rétablir la relation. Dès que les baptisés sont en quête de vérité sur eux-mêmes et sur la relation qu'ils ont pu rompre avec les autres, Dieu est en eux artisan de réconciliation.

> Sébastien et Véronique font personnellement un examen de conscience: pourquoi ai-je agi ainsi? pourquoi l'autre peut-il avoir agi ainsi? qu'est-ce que cela provoque en moi? qu'est-ce que cela provoque chez l'autre? quelles sont les conséquences de ce conflit?
>
> *Et Dieu est là, les aidant à faire la vérité qui annonce une réconciliation possible.*

Il n'est pas étranger à toute démarche entreprise pour restaurer le tissu relationnel. Dès que les baptisés cherchent à être aidés pour réparer la relation brisée, Dieu est en eux, souffle qui guérit l'asphyxie en vue de la réconciliation.

> Sébastien va rencontrer un ami pour lui raconter ce qui s'est passé. Il lui demande de l'aider à se ressaisir et à trouver une solution. Véronique décide de se soumettre à une thérapie puisqu'elle a constaté qu'elle est souvent en état de conflit.
>
> *Et Dieu est là remettant chacun debout.*

Il n'est pas étranger à la souffrance des personnes qui cherchent la communion. Dès que les baptisés cherchent à vivre dans le respect des autres qui pensent et vivent différemment, Dieu est en eux créateur d'une nouvelle communion conduisant à la réconciliation.

> Sébastien veut le meilleur pour Véronique. Véronique souhaite ce qu'il y a de mieux à Sébastien. Même si l'un et l'autre verront toujours la vie de façon différente.
>
> *Et Dieu est là guérissant la souffrance de chacun.*

Il n'est pas étranger aux efforts d'accueil, de réconciliation qui se disent dans la rencontre. Dès que les baptisés cherchent à recommencer une vie relationnelle qui tiennent compte du bien de l'autre en même temps que de son propre bien, Dieu est en eux président de la rencontre de réconciliation.

> Sébastien et Véronique se rencontrent. Ils s'accueillent mutuellement. Ils font le point. Ils cher-

chent ensemble comment, désormais, ils vivront une relation qui ne sera plus tout à fait la même que celle qui précédait le conflit.

Et Dieu est là, lien qui les unit et les réconforte.

La réconciliation n'est pas un acte isolable qu'on peut identifier totalement à un instant précis. Elle existe partout où est l'intention de reconstruire une communion.

■ *Parce que dans la réconciliation avec soi-même et avec les autres, se construit la réconciliation avec Dieu qui fait se lever un peuple réconcilié...*

Les conduites humaines de la réconciliation sont les mêmes pour tous les humains. On les reconnaît dans

— l'acceptation de ses propres responsabilités: «C'est moi qui ai fait cela...»
— la modification de l'image idéale de soi-même: «Je me pensais doux et voilà que je suis violent; je me croyais fidèle et voilà que j'ai manqué de fidélité...»
— la transgression dont on sait tirer parti: «Maintenant que j'ai constaté ma violence, je vais me donner des moyens pour m'améliorer...»
— la révision des certitudes que l'on croyait inébranlables: «J'avais la ferme conviction de ne jamais briser une relation, en suis-je si certain maintenant?...»
— la recherche des causes qui me rendent vulnérable: «Qu'est-ce qui provoque chez moi la colère, l'infidélité, l'injustice?...»
— la décision de recréer la relation: «Que vais-je faire pour être en paix avec moi-même? avec les autres? avec Dieu? «Oui, je me lèverai et j'irai vers mon Père et vers mes sœurs et frères...»

Les baptisés, pécheresses et pécheurs déjà pardonnés au baptême, reconnaissent que l'action du Christ réconciliateur est antérieure et intérieure à leur propre démarche de réconciliation. Le Christ est venu pour les pécheurs. Il a pris sur lui le péché du monde.

■ *Parce que la réconciliation visible éclate dans la fête qui la célèbre en même temps qu'elle célèbre le Réconciliateur...*

Le sacrement de la réconciliation et du pardon appose une signature qui atteste la fidélité du Dieu de l'Alliance et la responsabilité du pécheur reconnaissant le mal causé par un acte posé, une parole prononcée, un geste omis. Cette responsabilité n'a rien à voir avec le remords. C'est la signature d'une volonté de réconciliation là où l'on a provoqué une rupture.

Le travail de réconciliation se manifeste dans la joie: «Il y a plus de joie pour un seul pécheur qui fait pénitence que pour quatre-vingt-dix-neuf justes qui n'ont pas besoin de pénitence.»

■ *Parce que l'Église est à la fois réconciliante et réconciliée...*

L'Église exerce le ministère de la réconciliation et du pardon offert par Dieu. Elle a le pouvoir de lier et de délier.

Elle est aussi la communauté à la fois sainte et pécheresse qui célèbre dans le sacrement la miséricorde dont Dieu l'enveloppe.

> Que penser de ces raisons?
>
> Y en aurait-il d'autres?

UN DIALOGUE IMPORTANT ENTRE UN CATÉCHUMÈNE ADULTE ET SON CATÉCHÈTE

— Moi, je ne serai jamais un vrai chrétien: je ne sais pas pardonner. C'est trop difficile...

— Moi non plus, je ne sais pas. C'est pourquoi je laisse au Christ de pardonner. Moi, je ne fais que poser des gestes de réconciliation.

Si quelqu'un est dans le Christ, c'est une création nouvelle: l'être ancien a disparu, un être nouveau est là. Et le tout vient de Dieu, qui nous a réconciliés avec lui par le Christ et nous a confié le ministère de la réconciliation. Car c'était Dieu qui dans le Christ se réconciliait le monde, ne tenant plus compte des fautes des hommes et mettant en nous la parole de la réconciliation.

2 Co 5,17-19

DIEU, L'ÉGLISE ET LA PERSONNE BAPTISÉE À L'ŒUVRE DANS LE SACREMENT DE LA RÉCONCILIATION ET DU PARDON

Dieu porte aux pécheurs un amour de prédilection...

Jadis en Palestine...

■ Par Jésus de Nazareth, Dieu disait à la femme adultère: «Moi non plus, je ne te condamne pas. Va, désormais ne pèche plus.» (*Jn* 8,11)

■ En Jésus de Nazareth, Dieu remet les péchés: «Confiance, mon enfant, tes péchés sont remis.» (*Mt* 9,2)

■ Dieu entend le cri de Jésus de Nazareth en croix: «Père, pardonne-leur: ils ne savent ce qu'ils font.» (*Lc* 23,34)

Aujourd'hui dans le sacrement de la réconciliation et du pardon...

■ L'amour indéfectible et miséricordieux de Dieu est redit au pécheur.

■ La fidélité incommensurable de Dieu à son Alliance est redite à celle ou à celui qui l'a rompue.

■ Le pardon donné par Dieu au baptême est réitéré.

Dans ce sacrement, Dieu dit à la personne blessée par le péché: «Malgré ton péché, je ne te retire pas mon amour. Au-delà de tous mes dons, reçois mon pardon. Pour le monde, pour l'Église, pour toi, je veux être prodigue de ma miséricorde.»

L'Église a toujours porté attention aux pécheurs...

Dès le début de l'Église, les Apôtres et leurs successeurs ont pris au sérieux la mission pascale de réconciliation dont les avait investi le Ressuscité: «Recevez l'Esprit Saint. Ceux à qui vous remettrez les péchés, ils leur seront remis.» (*Jn* 20,22-23) Pas étonnant alors que dès la Pentecôte, les Apôtres appellent à la conversion et au baptême, seul sacrement du pardon à cette époque: «Repentez-vous, et que chacun de vous se fasse baptiser au nom de Jésus Christ pour la rémission de ses péchés, et vous recevrez alors le don du Saint Esprit.» (*Ac* 2,38)

Mais l'Église fait face à un réel problème: celui des baptisés qui commettent une faute grave comme l'apostasie, le meurtre, l'adultère et qui s'en repentent. La solution à ce problème s'élabore du IIe au Ve siècle dans ce qu'il est convenu d'appeler la *pénitence antique* ou encore *publique, canonique, ecclésiale*. On l'appelait aussi *second baptême laborieux*. Après l'aveu fait à l'évêque et la pénitence accomplie, pénitence très rigoureuse faite publiquement, le pénitent était réconcilié et réintroduit dans la communauté, le Jeudi saint.

Cette pratique, qui ne peut être vécue qu'une seule fois, est si dure que les pécheurs finissent par attendre l'approche de la mort pour l'accomplir. Cassien, un Père de l'Église du Ve siècle, propose une liste de rémissions des péchés qui remplacent la pénitence publique: la charité, l'aumône, les larmes, l'aveu de son péché à Dieu, l'acceptation de la souffrance, la conversion de sa vie, l'intercession des sœurs et frères chrétiens, la miséricorde et la foi, la conversion d'un autre pécheur, le pardon des offenses.

Aux Ve et VIe siècles, on remarque une certaine désaffection de la pénitence publique. L'Église, dans sa fidélité à l'Esprit, doit trouver une autre pratique qui redise en clair le pardon de Dieu à celles et ceux qui veulent être réconciliés.

C'est ainsi que du VIIe au XIIe siècle, se vit progressivement la pratique de la *pénitence tarifiée* qui prend naissance en Irlande lors de l'évangélisation de ce pays. Cette pratique comporte un aveu secret soit à l'évêque, soit au prêtre; une pénitence secrète mais proportionnée au péché avoué; une absolution accordée avant même l'accomplissement de la pénitence. C'est l'évêque qui détermine, dans les *Pénitentiels*, les barèmes de pénitence. Et parfois, l'addition des jours de pénitence peut dépasser la durée d'une vie. On multiplie alors d'autres façons de parvenir à la rémission des péchés comme les pèlerinages, la construction d'une église, le don d'une somme d'argent.

Au XIIe siècle, Abélard amène à prendre conscience que l'essentiel de la réconciliation se vit dans la conversion du cœur. La contrition du pécheur devient alors plus importante que la pénitence qu'il doit accomplir pour être pardonné. C'est, à compter de ce temps, l'ère de la *pénitence privée*. Au XIIIe siècle, le quatrième concile du Latran oblige les baptisés à communier au moins une fois par année, à Pâques après avoir confessé tous leurs péchés.

Au XVIe siècle, le concile de Trente augmente encore le caractère individuel et secret du sacrement de la pénitence. On célèbre ce sacrement dans les confessionnaux et on s'y adonne de plus en plus souvent, jusqu'à en faire une pratique de dévotion.

Au XXe siècle, le concile Vatican II redonne au sacrement de la rémission des péchés son beau nom de *réconciliation*. Ce concile invite à mettre l'accent sur l'action de Dieu qui réconcilie les pécheurs plutôt que sur l'action des baptisés qui se confessent. De plus, il indique que le rituel sacramentel de la réconciliation doit inviter les baptisés à accueillir la Parole de Dieu. Il ouvre à une certaine diversité possible de démarches sacramentelles de réconciliation: *confession individuelle* qui manifeste davantage la rencontre personnelle de la personne pécheresse avec Dieu qui pardonne toujours; *célébration vécue communautairement* qui exprime la rencontre d'une Église de pécheresses et de pécheurs avec Dieu qui pardonne et appelle à pardonner. Outre ces célébrations sacramentelles qui peuvent comporter une absolution individuelle ou une absolution dite collective, le concile Vatican II propose aussi des célébrations du Seigneur miséricordieux sans que nécessairement soit fait l'aveu des péchés et que soit donnée l'absolution.

Dans ce sacrement, l'Église dit à la pécheresse et au pécheur: «Reconnaissons la miséricorde du Seigneur qui nous rend miséricordieux; reconnaissons la prodigalité de son amour qui pardonne toujours; reconnaissons sa fidélité qui nous rend fidèles. Souvenons-nous que Jésus est venu pour les pécheurs, qu'il a réconcilié le monde avec Dieu. Tu es une pécheresse, un pécheur pardonné. Sois maintenant artisan de réconciliation.»

La personne pécheresse a une vocation particulière...

Dans sa démarche de réconciliation, la personne consciente de son péché est témoin du pardon généreux de Dieu dont elle loue la miséricorde.

Elle est aussi consciente de sa fragilité, de son besoin de conversion, de son besoin des autres pour vivre la réconciliation et pour se situer à nouveau dans l'alliance de son baptême.

Elle exprime sa confiance en Dieu et en l'Église qui la reconnaissent comme pardonnée et réconciliée.

Dans ce sacrement, la chrétienne ou le chrétien pécheur dit: «Dans l'action de grâce, je célèbre le pardon de Dieu accordé au monde, à l'Église, à moi. Dans la communion de l'Église et dans la liberté, je confesse mon péché et j'accueille le pardon accordé librement par Dieu. Dans le désir de vivre au mieux ma vie de baptisé, je me laisse réconcilier avec moi-même, avec les autres, avec Dieu.»

Seigneur mon Dieu,
il m'arrive, quand je te prie,
d'éprouver une certaine difficulté à être vrai.
C'est exigeant de te dire: «Pardonne-nous
comme nous pardonnons.»
Et pourtant, la parole de Jésus burine mon cœur:
«C'est la mesure dont vous vous servirez
qui servira à vous mesurer en retour.»
Père, donne à mon pardon d'être sans mesure.

Cependant, je m'efforce d'aimer les autres:
celles et ceux de ma famille, de mon quartier,
de mon milieu de travail, du monde.
Je veux que cet amour prenne racine
en celui que tu me portes
et en celui que j'ai pour toi.
Alors, Père, que soit dite sur moi
la parole prononcée sur la femme
qui parfumait les pieds de Jésus:
«Ses nombreux péchés lui sont remis
parce qu'elle a montré beaucoup d'amour.»

Toi, tu es un Dieu qui pardonne toujours
parce que tu es prodigue de ton amour.
Non seulement tu te réjouis
quand je pense à me convertir et à revenir vers toi,
mais, comme le Père de la parabole,
tu viens à ma rencontre, tu me relèves
et tu demandes qu'on prépare la fête en disant:
«Festoyons, car mon fils que voilà était mort
et il est revenu à la vie...»

Seigneur mon Dieu,
tu aimes sans mesure.
Tu pardonnes sans mesure.
Ta justice a nom miséricorde.
Accorde-moi de te ressembler.
Fais que je mette en pratique l'appel de Jésus
au pardon et à la réconciliation
«non pas jusqu'à sept fois
mais jusqu'à soixante-dix fois sept fois.»

Amen.

POUR LES BAPTISÉS QUI ENTREVOIENT LE TERME DE LA ROUTE

L'ONCTION DES MALADES

Pouvez-vous boire la coupe que je vais boire et être baptisés du baptême dont je vais être baptisé?

Mc 10,38

LE SACREMENT QUI GUÉRIT DE LA MORT

■ Alors qu'il faisait des projets de carrière, Pierre-Luc apprend qu'il est atteint du sida. Ses années, peut-être ses mois, sont comptés...

■ Alors qu'elle vient de mettre au monde son deuxième enfant, Myriam apprend qu'elle est en phase terminale. Le cancer de la moelle osseuse la ravira bientôt à sa famille...

■ Alors qu'il guide ses élèves dans un rallye de bicyclettes, Sylvain est victime d'un infarctus. Il est entre vie et mort...

■ Alors que tous fondaient sur elle de grands espoirs, Johannie ne pourra terminer son cours secondaire. La leucémie l'a terrassée...

■ Alors qu'il se prépare avec joie à sa retraite, René ne comprend pas la fatigue et les malaises qu'il éprouve. Le diagnostic est clair: cancer du pancréas...

■ Alors qu'elle a donné toute sa vie pour les autres, Julienne faiblit de jour en jour dans un centre d'accueil. Il lui faudra bientôt entrer à l'hôpital pour la dernière fois...

> L'expérience de la maladie grave peut-elle nous révéler quelque chose
>
> — de nous-mêmes?
> — des relations entre les personnes?
> — de la vie humaine?
> — de Dieu?
>
> Le sacrement de l'onction des malades peut-il rejoindre cette expérience?

Quelqu'un parmi vous est-il malade? Qu'il appelle les presbytres de l'Église et qu'ils prient sur lui après l'avoir oint d'huile au nom du Seigneur. La prière de la foi sauvera le patient et le Seigneur le relèvera. S'il a commis des péchés, ils lui seront remis.

Jc 5,14-15

L'onction des malades n'est pas seulement le sacrement de ceux qui se trouvent à toute extrémité. Aussi, le temps opportun pour le recevoir est déjà certainement arrivé lorsque le fidèle commence à être en danger de mort par suite d'affaiblissement physique ou de vieillesse.

Sacrosanctum Concilium, art. 73

POURQUOI CÉLÉBRER LE SACREMENT DE L'ONCTION DES MALADES?

■ *Pour apprivoiser la maladie et la mort...*

Célébrer le sacrement de l'onction des malades, c'est refuser de mourir de manière imprévue. C'est accueillir une mort qu'on n'a pas choisie mais dans laquelle on est entraîné à la suite de celui qui l'a vaincue: Jésus Christ. C'est renouveler, en tant que personne blessée par la maladie, l'alliance conclue avec le Seigneur dans le baptême afin de traverser avec lui l'ambiguïté de la maladie et du péché.

■ *Pour renaître à l'espérance enracinée dans la vie...*

Célébrer le sacrement de l'onction des malades, c'est réveiller en soi l'espérance qui s'appuie sur le sens de la vie. C'est reconnaître que dans la vie chrétienne, il y a le terreau, l'annonce de la résurrection.

■ *Pour que l'Église soit présente à la personne malade...*

Célébrer le sacrement de l'onction des malades, c'est entrer dans la mort en présence des personnes qui nous manifestent la compassion de Jésus qui l'a vaincue. C'est aussi, pour l'Église, une façon d'articuler le ministère qui lui est propre avec les interventions de tous ceux qui entourent le malade pour lui faciliter cette étape si importante de sa vie.

■ *Pour dire et entendre une parole de guérison, de résurrection...*

Célébrer le sacrement de l'onction des malades, c'est reconnaître dans l'huile le mystérieux symbole de la Lumière qui traverse la sueur de la souffrance; c'est accorder son cœur au souhait profondément chrétien qui prend racine dans le projet de Dieu: «Qu'il vous sauve et vous relève!»

■ *Pour guérir de la mort, cet aiguillon planté dans notre chair...*

Célébrer l'onction des malades, c'est reconnaître dans la foi que la mort n'est pas le dernier mot de la vie; qu'elle ne saura jamais nous anéantir, que, passant par elle, nous surgirons du tombeau...

> Que penser de ces raisons?
>
> Y en aurait-il d'autres?

UN DIALOGUE IMPORTANT ENTRE MÈRE ET FILLE...

— Pourquoi me faut-il vivre encore, moi qui n'ai plus rien à faire ici-bas? Personne n'a jamais besoin de moi. Je deviens un poids pour tout le monde.

— Peut-être bien parce qu'il vous reste encore à apprendre à vos enfants comment on entre dans la mort quand on vit dans la foi et l'espérance chrétiennes...

Si le grain de blé semé en terre ne meurt,
il reste seul et ne porte pas de fruit.
Mais s'il meurt, il invente bel épi,
mais s'il meurt, il promet grande moisson.

DIEU, L'ÉGLISE ET LA PERSONNE BAPTISÉE À L'ŒUVRE DANS LE SACREMENT DE L'ONCTION DES MALADES

Dieu porte aux malades un amour de prédilection...

Jadis, en Palestine...

■ Par les mains de Jésus de Nazareth, l'amour de Dieu touchait les malades...

■ En Jésus de Nazareth, Dieu les regardait avec miséricorde.

■ Par Jésus de Nazareth, Dieu les libérait et les sauvait.

Aujourd'hui, dans le sacrement de l'onction des malades...

■ L'amour de Dieu compatissant est redit au malade.

■ Le regard miséricordieux de Dieu est posé sur lui.

■ La liberté de Dieu le fait grandir dans la liberté de l'espérance.

Dans ce sacrement, Dieu dit à la personne blessée par la maladie: «Tu es ma fille, mon fils. Pour moi, tu n'as rien perdu de ta dignité. Je revois en toi mon Fils Jésus mourant en croix. Et tu vivras éternellement.»

L'Église a toujours porté attention aux malades...

Pendant les quatre premiers siècles, le souci des malades est très présent dans les célébrations eucharistiques et dans leur prolongement: on prie pour eux et on leur porte le pain de vie.

Du Vᵉ au VIIIᵉ siècle, l'huile est toujours préparée et bénite par l'évêque. Les baptisés apportent l'huile à la maison. Ils font des onctions sur eux-mêmes ou sur d'autres chrétiennes et chrétiens malades.

Vers la fin du premier millénaire, on joint deux courants: celui des onctions pour la guérison et celui de la dernière onction avant la mort pour le pardon des péchés. On parle à cette époque de l'extrême onction, l'onction reçue à l'extrémité de la vie.

Au XVIe siècle, le concile de Trente insiste sur l'effet spirituel du sacrement; il en souligne l'aspect pénitentiel; il reconnaît le prêtre comme ministre du sacrement et n'autorise la célébration de ce sacrement qu'une fois au cours d'une maladie qui peut conduire à la mort.

Au XXe siècle, le concile Vatican II enseigne que l'onction des malades soutient ces derniers afin «qu'ils s'unissent spontanément à la passion et à la mort du Christ, pour contribuer ainsi au bien du peuple de Dieu» (*Lumen Gentium*, art. 11).

Dans ce sacrement, l'Église dit au malade: «Dans cet état de fragilité qui est le tien, tu es encore membre à part entière du Corps du Christ. Membre souffrant, tu es mémoire vivante de Jésus acceptant sa passion et sa mort. Tes souffrances ne sont pas inutiles. Tes sœurs et frères baptisés veulent te garder dans l'espérance.»

La personne malade a une vocation particulière...

Dans son état de fragilité, la personne malade révèle la fragilité de l'existence humaine et communie à la passion du Christ pour le salut du monde.

Dans sa lutte contre la souffrance et son combat pour la vie, elle appelle celles et ceux qui en ont la compétence à reculer les limites posées par la maladie.

Dans son besoin de celles et ceux qui l'aident, l'entourent, la soignent, elle les pousse à aller au bout de leurs possibilités pour adoucir un passage difficile et souvent angoissant de la vie.

Dans sa relation à Dieu, elle perçoit sa faiblesse comme lieu où elle peut être rejointe par la force de celui qui relève et qui sauve.

Dans ce sacrement, la chrétienne ou le chrétien malade dit: «Même fragile, je participe à la vie des baptisés. Je communie aux souffrances du Christ. Et «J'entends en moi comme une eau vive qui murmure et qui dit: Viens vers le Père» (Ignace d'Antioche).

Seigneur mon Dieu,
quand la maladie fera de moi une personne affaiblie,
crispée par la douleur,
consciente de sa pauvreté,
peut-être même de son inutilité,
qu'on me marque d'une onction
pour le combat contre le mal.
Car toi, tu peux le vaincre radicalement.
Qu'on me signe d'une huile pour le passage,
le passage du Christ en moi et de moi en lui.
Oui, Seigneur mon Dieu, dans ce rite de l'onction,
que ton Église me fasse souvenir de la foi de mon baptême.

Quand la maladie me fera parvenir
à une conscience claire de ma finitude,
quand j'expérimenterai, dans mon corps, dans mon cœur,
dans mon esprit, que je ne maîtrise plus mon avenir,
quand j'entreverrai l'horizon de la mort,
et que la peur et l'angoisse m'envahiront,
qu'on me rappelle cette parole de Jésus:
«Va! ta foi t'a sauvé»,
tellement plus généreuse que «Va! ta foi t'a guéri».
Que tout en gardant ce désir de guérison inscrit en moi,
je puisse comprendre que le salut que tu m'accordes
est la santé désormais invincible.
Que ton Église soutienne l'espérance de mon baptême.

Quand la maladie me réduira peut-être à l'isolement,
à la dépendance,
à la rupture de liens pourtant créés dans la tendresse,
à des sentiments qui, peut-être, s'exprimeront
en cris, en gestes brusques, en mutisme,

qu'on célèbre avec moi ce sacrement du réconfort.
Qu'on fasse communauté avec moi.
Que les autres soient pour moi symbole
du Christ guérisseur et sauveur.
Que je sois pour les autres symbole du Christ souffrant.
Que ton Église habitée par l'Esprit me fasse encore grandir
dans la charité de mon baptême.

Seigneur mon Dieu,
accorde-moi de vivre la maladie qui me conduira à la mort
dans la foi, l'espérance et la charité.
Que, dans cette étape ultime de ma vie terrestre,
je te reconnaisse Dieu aux bras ouverts
et que je te redise le oui de mon baptême
car je veux être baptisé du baptême dont Christ a été baptisé.
«Père, je remets mon esprit entre tes mains.»

Amen.

POUR LE PEUPLE DES BAPTISÉS EN MARCHE

L'EUCHARISTIE

Je suis le pain vivant descendu du ciel.
Qui mangera ce pain vivra à jamais.
Et même, le pain que je donnerai,
c'est ma chair pour la vie du monde.

Jn 6,51

L'EUCHARISTIE, SACREMENT DE L'ITINÉRANCE CHRÉTIENNE

Si l'eucharistie est sacrement de l'initiation, elle est aussi sacrement de l'itinérance chrétienne. On ne réitère pas le baptême non plus que la confirmation. Mais on réitère l'eucharistie.

Les baptisés sont convoqués à la célébration du Seigneur dans ce sacrement, au moins tous les dimanches. Pour avancer sur la route de leur baptême, ils ont besoin d'être nourris et fortifiés. On n'avance pas vers le Royaume sans cette force qui nous est donnée. L'eucharistie est nourriture du peuple de Dieu en marche.

L'Église est appelée à une vie eucharistique. À une vie d'action de grâce pour la vie qu'elle reçoit; à une vie donnée en mémoire du Christ dont elle est le corps et qu'elle célèbre. L'eucharistie est mémorial de la mort et de la résurrection du Christ en laquelle sont libérées les puissances de vie.

> Quelle est notre expérience de l'eucharistie comme nourriture?
>
> Et comme sacrifice?

L'eucharistie: pain pour la route

Un symbole annonciateur de l'eucharistie: la manne

Quand les Hébreux guidés par Moïse ont pérégriné dans le désert du Sinaï après avoir quitté l'Égypte où ils avaient vécu dans un état de servitude et d'esclavage, ils ont éprouvé certaines difficultés dont celle de la faim. Or ils ont pu recueillir dès avant le lever du soleil, une exsudation des tamaris qui, sécrétée par les insectes, ressemblait à la graine de coriandre et qu'ils pouvaient manger. L'expression juive «Man hu?» qui se traduit par «Qu'est-ce que c'est?» est à l'origine de ce que la Bible appelle la *manne*. Cet événement historique a donné naissance à de beaux textes bibliques qui révèlent le sens de cet événement. Les Hébreux se redisant leur histoire ont vu dans la manne un signe de Dieu qui est présent à son peuple et qui veut sa vie.

Ainsi, le texte du livre de la Sagesse (16,20-31) présente la manne comme «une nourriture d'anges, comme un pain tout préparé que, du ciel, Dieu a fourni inlassablement à son peuple». Mais alors, on est en droit de se demander pourquoi il est dit au livre des Nombres (11,4-5) que les Hébreux se lamentaient en regrettant les oignons qu'ils mangeaient en Égypte.

L'eucharistie: pain des voyageurs

Dans le discours sur le pain de vie, le Jésus de l'Évangile de Jean, évoquant la manne, dit: «Je suis le pain de vie. Qui vient à moi n'aura jamais faim.» (*Jn* 6,35)

Accepter cela quand on participe à l'eucharistie, c'est reconnaître que Dieu n'abandonne pas son peuple au désert et qu'il le nourrit pour la marche vers le Royaume. Christ est pain de vie: il sauve de la mort.

C'est aussi percevoir un signe de la présence de Dieu dans la nourriture, dans le pain et le vin aujourd'hui, comme jadis dans la manne. Dieu se révèle toujours dans les réalités de l'existence humaine.

C'est aussi accepter que si Dieu donne le pain, il nous invite à le fabriquer et à le partager comme, au désert, les Hébreux devaient cueillir la manne et la partager. Participer à l'eucharistie en tant que sacrement de l'itinérance d'un peuple, c'est le manger avec d'autres; c'est aussi devenir pain pour les autres.

Il est un moment capital de la vie humaine où le pain des voyageurs prend un sens particulier. C'est celui de l'entrée dans la mort. Le malade communie alors au *viatique*. Cette nourriture le fortifie pour l'accomplissement de ce grand voyage, de ce passage ultime vers le Père.

L'eucharistie: sacrifice qui libère la liberté

Sur la route de la vie, les baptisés reconnaissent plus d'une fois leur besoin de libération. Appelés à la liberté, ils expérimentent combien ils sont enchaînés dans et par leurs limites: leur égoïsme, leur désir de paraître, de dominer, de posséder... Tout cela — et bien d'autres attitudes ou actions concrètes — peut se résumer dans ce qu'on nomme le mal, le péché.

Un rite annonciateur de l'eucharistie: le sacrifice d'expiation

Dès l'Ancien Testament, les Juifs qui se reconnaissaient pécheurs offraient à Dieu un *sacrifice d'expiation*. Considérant que les animaux leur étaient donnés par Dieu, ils en immolaient un et répandaient son sang au pied de l'autel. Ainsi, ils présentaient à Dieu un don tiré de ses propres dons et le sang versé, symbolisant la vie, avait valeur de purification. Dans ce rite, les Juifs célébraient le pardon de leurs péchés.

L'eucharistie: sacrifice de la croix

Lors de son dernier repas avec ses apôtres, Jésus se présente comme la victime immolée dont le sang sera versé pour la rémission des péchés. Ainsi, la Croix du Calvaire est pressentie et déjà présente dans la Cène.

Participer à l'eucharistie, c'est offrir à Dieu le plus grand de ses dons: Jésus. C'est faire mémoire du sacrifice de ce dernier et reconnaître dans la foi que la vie donnée, la mort et la résurrection du Christ nous libèrent de nos chaînes, de notre péché.

Ce n'est que dans la liberté que les baptisés peuvent avancer vers le Royaume dont ils participent à l'avènement. L'eucharistie est libération de la liberté des chrétiennes et des chrétiens pour qu'ils poursuivent leur route en donnant leur vie pour les autres à la suite de Jésus qui a sacrifié la sienne.

Seigneur mon Dieu,
ton Fils Jésus a voulu se donner comme nourriture.
Dans un monde où tant de peuples meurent de faim,
ce n'est pas rien de l'entendre redire
«ce pain est mon corps».
Fais que, nourri de ce pain,
le peuple des baptisés soit fortifié
pour avancer sur la route qui le mène à toi.
Accorde-lui de participer généreusement
à l'avènement de ton Royaume.
Et fais que dans ce peuple de chrétiennes et de chrétiens,
en regardant toutes les faims du monde,
je devienne pain pour les autres.

Ce Jésus que tu as envoyé dans le monde
pour lui révéler ton amour
a tout donné de sa vie.
«Voici mon sang versé pour vous
et pour la multitude», a-t-il dit avant de mourir.
Quand nous célébrons l'eucharistie,
nous rappelons devant toi, la mort et la résurrection
de celui que tu as fait Seigneur égal à toi.
En ressuscitant le Crucifié du Calvaire,
tu reconnaissais qu'il avait accompli sa mission.
Fais que ton Église investisse sa vie à ton service
en vue d'un monde meilleur.
Dans cette Église,
que je sois assez libre pour te donner ma vie pour les autres.

Seigneur mon Dieu,
toi seul connais l'itinéraire
qu'il me reste à parcourir avant de parvenir

à la rencontre ultime avec toi.
Donne-moi le courage de continuer ma route.
Donne-moi de m'arrêter pour secourir un blessé.
Donne-moi d'avancer au rythme de la personne
qui a besoin de moi.
Donne-moi d'embellir cette route en y accomplissant
des œuvres de justice, de paix, de solidarité.
Donne-moi d'y contempler les merveilles de ton amour.
Donne-moi de te rendre grâce
comme Jésus lors de son dernier repas.
Donne-moi de communier à ton projet de salut
pour le monde.

Amen.

POUR SERVIR AU COURS DE LA VIE CHRÉTIENNE

LES SACREMENTS DES MINISTÈRES

Le mariage
L'ordre
L'eucharistie

Celui qui voudra devenir grand parmi vous sera votre serviteur.

Mc 10,43

«Rien ne sépare plus les “renés” que rassemble dans l’unité, l’unique fontaine, l’unique Esprit, l’unique foi.» Cette inscription que nous pouvons lire au baptistère constantinien du Latran donne à penser que dans la communion ecclésiale, toutes et tous sont responsables de tout. Et cela est vrai: tous les baptisés sont responsables de la vie de l’Église et de son engagement au cœur du monde. Mais tous ne le sont pas de la même manière.

Si les dons de l’Esprit sont diversifiés comme le démontre si bien l’apôtre Paul, si les appels de Dieu sont différents comme les récits de vocation bibliques en rendent compte, la mise en œuvre de ces dons et la mission correspondant à ces vocations sont aussi diversifiées. Toujours, cependant, ils sont au service de l’Église qui se construit à mesure qu’elle est au service de Dieu dans le monde pour y participer à l’avènement du Royaume.

L’Église des baptisés et des confirmés est tout entière ministérielle. Les ministères sont différents et c’est bien là une richesse pour elle et un bienfait pour le monde. «Exercer un ministère, c’est accomplir une tâche attachée à une fonction, c’est rendre un service important et qui dure assez longtemps, c’est mener à bien une responsabilité confiée par une personne ou un groupe compétent pour le bien des autres[20]...»

---

20. D. Lamarche, *Lumière pour le monde, l’Église de Jésus Christ*, coll. «Credo de mon existence» n° 5, Fides, p. 33.

Autrefois on ne parlait que d'un seul sacrement des ministères, celui de l'ordre, parce que ce sacrement était celui qu'on considérait, à juste titre d'ailleurs, comme ordonné au service des autres sacrements, au service de l'initiation et de la vie chrétiennes.

Un autre sacrement, cependant, confie une responsabilité d'une longue durée pour le devenir de la personne, de la famille, de la communauté Église et de la société civile. C'est le mariage qu'on pourrait tout aussi bien considérer parmi les sacrements de l'itinérance chrétienne. Mais le mariage ne confie-t-il pas un ministère conjugal, un ministère parental essentiels l'un et l'autre au devenir de l'Église et du monde? Certes, les époux ne sont pas des ministres ordonnés, mais l'Église qui reconnaît leur alliance leur demande de la vivre, non pas comme un amour qu'on étouffe à force de le protéger, mais comme celui qui décuple les possibilités de servir dans les tâches découlant de la vie du couple.

L'eucharistie considérée déjà comme sacrement de l'initiation et de l'itinérance chrétienne mérite d'être soumise encore une fois à la réflexion. Elle aussi est sacrement des ministères car, comme l'enseigne Vatican II, «les sacrements ainsi que tous les ministères ecclésiaux et les tâches apostoliques, sont tous liés à l'eucharistie et ordonnés à elle[21]».

Les sacrements de mariage, de l'ordre et de l'eucharistie feront ainsi l'objet des trois derniers chapitres.

---

21. Paul VI, Décret conciliaire *Presbyterorum Ordinis*, art. 5.

POUR LES BAPTISÉS VIVANT UNE RELATION D'AMOUR CONJUGAL

LE MARIAGE

Dieu créa l'homme à son image, à l'image de Dieu il le créa, homme et femme il les créa.

Gn 1,27

LE SACREMENT QUI UNIT UN COUPLE DANS L'AMOUR

■ Suzanne pense à Michel. Elle éprouve pour lui de l'admiration et de l'amour: «Rien n'est plus pareil depuis que je le connais; il a embelli ma vie...»

■ Lilianne et Serge s'en vont main dans la main. Ils sont bien ensemble. Serge dit: «Je voudrais toujours n'exister que pour toi.» Lilianne répond: «Vivons plutôt ensemble pour les autres.»

■ Carl demande à Geneviève: «Veux-tu partager ta vie avec moi?» «Oui, répond Geneviève, comme tu as mis du temps à me le demander!»

■ Danielle vit une grande épreuve. Jean-Pierre la supporte et lui dit: «J'ai mal à ton cœur: soignons-le ensemble.» Danielle reprend: «Comme tu m'aimes pour souffrir avec moi!»

■ Monique regarde Alain. «Je t'aime tellement, dit-elle, que nous nous marierons.» Alain rétorque: «Je t'aime tellement que ce sera bientôt.» Et les amoureux se préparent à célébrer leur amour.

■ «Tu perds ta fille puisque tu la maries», dit Joseph à Émile. «Mais non: je gagne un fils», lui répond son ami.

> L'expérience amoureuse peut-elle révéler quelque chose
>
> — de nous-mêmes? de la relation entre les personnes?
> — de la vie humaine? de Dieu?
>
> Le sacrement de mariage peut-il rejoindre cette expérience?

Voici donc que l'homme quittera son père et sa mère pour s'attacher à sa femme, et les deux ne feront qu'une seule chair: ce mystère est de grande portée; je veux dire qu'il s'applique au Christ et à l'Église. Bref, en ce qui vous concerne, que chacun aime sa femme comme soi-même, et que la femme révère son mari.

Ép 5,31-33

L'égale dignité personnelle qu'il faut reconnaître à la femme et à l'homme dans l'amour plénier qu'ils se portent l'un à l'autre fait clairement apparaître l'unité du mariage, confirmée par le Seigneur. Pour faire face avec persévérance aux obligations de cette vocation chrétienne, une vertu peu commune est requise: c'est pourquoi les époux, rendus capables par la grâce de mener une vie sainte, ne cesseront d'entretenir en eux un amour fort, magnanime, prompt au sacrifice, et ils le demanderont dans leur prière.

Gaudium et Spes, art. 49,2

POURQUOI CÉLÉBRER LE SACREMENT DU MARIAGE?

■ *Parce que l'amour des époux est révélateur de l'amour de Dieu...*

Dans un couple, chacun des conjoints se révèle à l'autre tel qu'il est. Il lui révèle progressivement, tant par ses paroles que par ses façons d'agir, ses forces et ses faiblesses, ses aspirations et ses sentiments. Bien plus, dans le regard que l'épouse porte sur son époux, dans la relation qu'elle vit avec lui, elle le révèle à lui-même. Il en va de même pour le mari qui révèle sa femme à elle-même.

> Dans l'amour, Anne-Sophie se donne à Jacques et Jacques à Anne-Sophie. Dans la joie et dans la peine, ils se donnent l'un à l'autre de multiples manières. L'amour réciproque qu'ils se prodiguent révèle à l'autre qu'il a de la valeur.
>
> *Et leur amour parle de l'amour du Père qui se complaît en son Fils. Il parle de l'amour de Dieu qui est don gratuit à l'humanité...*

■ *Parce que l'union des époux est révélatrice de la fidélité de Dieu...*

Un couple vit et exprime la communion qui garde les conjoints unis. Cette communion porte en elle le défi de la croissance, du devenir, de la fidélité. «Aujourd'hui, plus qu'hier et encore bien moins que demain», se promettent les époux.

> Anne-Sophie communie à ce qui fait l'ensemble de la vie de Jacques et Jacques communie à ce qui fait l'ensemble de la vie d'Anne-Sophie. Bien que

chacun des conjoints ait son espace de liberté et d'autonomie, les rêves, les désirs, les projets, les déceptions, les angoisses des époux sont partagés. Chacun sait qu'il peut compter sur l'autre, sur son support, sur son soutien, sur son aide. L'union d'Anne-Sophie et de Jacques est si profonde qu'elle porte le nom d'alliance.

Et cette alliance parle de l'Alliance du Seigneur avec son peuple, avec l'Église. Elle exprime quelque chose de cet appel que Dieu adresse toujours aux humains de vivre en communion avec lui et cela, pour l'éternité.

■ *Parce que la vie conjugale ordonnée à la promotion mutuelle des époux est révélatrice de la miséricorde de Dieu...*

L'amour que se vouent les époux est facteur de leur croissance personnelle. Cet amour se dit dans l'admiration qui provoque chacun des conjoints à se dépasser et à mériter cette admiration que l'autre lui exprime. Cet amour s'exprime aussi dans le pardon donné et reçu qui grandit autant la personne prodigue de son pardon que celle qui, l'accueillant, se relève pour poursuivre sa vie conjugale et familiale.

Anne-Sophie admire Jacques qui est si patient avec les enfants et cela provoque Jacques à devenir encore et toujours le père dont ses enfants ont besoin. Jacques admire Anne-Sophie qui accueille avec tendresse et bienveillance une belle-sœur aigrie par les épreuves; Anne-Sophie prend alors conscience de ce talent qu'elle a et le développe davantage. Alors que Jacques a porté peu d'attention aux désirs d'Anne-Sophie dans l'organisation d'un voyage, celle-ci le lui fait remarquer et lui dit: «J'en ai souffert mais mon amour pour toi est plus fort que ma souffrance.» Ce pardon donné invite Jacques à porter meilleure attention aux désirs des autres. Alors qu'Anne-Sophie s'est recroquevillée sur elle-même à la suite d'une discussion avec Jacques, ce dernier s'approche d'elle et lui dit: «Ton silence parle si fort de ta peine, laisse-moi la porter avec toi.» La réconciliation qui s'amorce permet aux époux un nouveau départ.

Et toute relation, toute attitude qui, dans le couple, est facteur de croissance de ce couple ou de l'un des conjoints parle d'un Dieu qui reconnaît les moindres efforts des humains voulant vivre à son image et à sa ressemblance. Tout cela parle d'un Dieu Miséricorde qui pardonne encore et toujours: «Moi non plus, je ne te condamne pas. Va, désormais ne pèche plus.» (*Jn* 8,11)

■ *Parce que la fécondité des époux est révélatrice du Dieu de vie...*

L'amour conjugal est en lui-même fécond. Les enfants sont le sacrement de l'amour de leurs parents. Une part importante de la mission des époux chrétiens consiste à transmettre la vie et à éduquer chrétiennement les enfants qui naissent de leur union. La fécondité biologique n'est cependant pas la seule qui soit confiée aux époux. Ce que les conjoints s'apportent l'un à l'autre, ce qu'ils apportent ensemble à leurs divers milieux de vie, à l'Église et à la société est aussi de l'ordre de la fécondité.

Anne-Sophie et Jacques s'unissent de façon libre et responsable. Leur amour est si grand qu'ils veulent le voir porter du fruit. Johannie, François, Dominique seront ce fruit, ce sacrement de leur amour.

> Anne-Sophie et Jacques avec leur famille brisent la solitude d'une vieille tante malade: il y a là une autre façon de rendre leur amour fécond. Ils aident une famille monoparentale de leur présence et de leur amitié: c'est encore une manière de promouvoir la vie. Jacques est responsable d'une équipe de jeunes sportifs. À l'occasion, Anne-Sophie fait du bénévolat à l'école: autant d'autres façons de ne pas vivre leur amour comme s'ils étaient seuls au monde.
>
> *Et toute cette fécondité biologique, éducative, intellectuelle, spirituelle, sociale fait du mariage d'Anne-Sophie et de Jacques le lieu où se révèle le Dieu Créateur, Libérateur, Sauveur.*

Parce que les époux se donnent l'un à l'autre et, ensemble, aux autres, ils sont appelés à révéler un Dieu Père qui se donne dans un amour fécond: *«Le Père aime le Fils et a tout remis dans sa main.»* (*Jn* 3,35) *«Dieu a tant aimé le monde qu'il a donné son Fils unique afin que quiconque croit en lui ne se perde pas mais ait la vie éternelle.»* (*Jn* 3, 16)

Parce qu'ils s'accueillent l'un l'autre, ils sont convoqués à révéler un Dieu Fils qui se reçoit du Père et est engendré par lui dans un amour fécond: *«Père, ils ont reconnu que tout ce que tu m'as donné vient de toi; car les paroles que tu m'as données, je les leur ai données, et ils les ont accueillies et ils ont vraiment reconnu que je suis sorti d'auprès de toi, et ils ont cru que tu m'as envoyé.»* (*Jn* 17,7-8)

Parce qu'ils s'aiment d'un amour qui se renouvelle, ils sont envoyés dans le monde pour révéler un Dieu qui répand son amour éternellement jeune et fécond: *«Lorsque viendra le*

Paraclet que je vous enverrai d'auprès du Père, l'Esprit de vérité qui vient du Père, il me rendra témoignage.» (*Jn* 15,26)

La vocation des époux chrétiens, c'est d'être, à leur manière, sacrement d'un Dieu unique qui est Père, Fils et Esprit.

Que penser de ces raisons?

Y en aurait-il d'autres?

UN DIALOGUE IMPORTANT ENTRE DEUX FIANCÉS

— Pourquoi nous marier? et pourquoi à l'église? Notre amour ne regarde que nous seuls...

— Peut-être parce que les autres regardent notre amour et que le Christ reconnaît un peu de son amour dans le nôtre...

Dieu est amour dans nos vies.
Que la joie en nous soit toujours plus claire.
Notre amour rejoint son mystère.

D. Ombrie

VU ET ENTENDU

Après la célébration du mariage à l'église...

■ Le grand-père de la mariée parvenu à son jubilé d'or dit à son épouse qu'il regarde avec fierté: «Une seule femme dans cette église est plus belle que notre nouvelle mariée et c'est toi...»

■ La mère du marié à son fils: «Tu pourrais bien oublier tout ce que le prêtre t'a recommandé dans son homélie sauf le résumé qu'il en a fait: "C'est parce que Dieu vous a aimés le premier que vous vous aimez ainsi."»

■ Une tante qui a vécu une séparation: «Il fallait bien un célibataire pour parler avec tant d'éloges de la grandeur du mariage...»

Au repas de noces...

■ Un mauvais farceur au nouveau marié: «Est-il possible qu'un homme intelligent comme toi se laisse mettre la corde au cou?»

■ Une amie de la mariée: «J'espère que nous pourrons conserver notre amitié et que tu ne seras pas prisonnière de ton mari...»

■ La mariée à qui on a dit que c'était le plus beau jour de sa vie: «Je n'en crois pas un mot. C'est plutôt le commencement du plus beau jour qui durera toute notre vie...»

Ces paroles en évoquent-elles d'autres que nous avons entendues?
Sont-elles parfois vérité? et parfois mensonge?
Comment résonnent-elles en nous?

QUAND VIENNENT LES BLESSURES

Quand la maladie d'un des conjoints brise
les rêves du couple...
Quand le chômage fait qu'on a peine
à joindre les deux bouts...
Quand l'enfant que l'on désire ne s'annonce pas...
Quand celui qui est venu est handicapé...

Quand Diane découvre chez Luc
    une faiblesse qu'elle ne lui connaissait pas...
Quand Luc constate que l'amour de Diane
    est parfois étouffant...
Quand l'enfant arrive trop tôt,
    au dire de l'un des époux...
Quand il brusque les époux
    dans l'organisation de leur vie...

Quand Jean-Bernard est taciturne
    et qu'il s'enferme dans le silence...
Quand Marie-Noëlle est fébrile
    et qu'elle ne cesse de parler...
Quand l'enfant tente de diviser ses parents
    en obtenant de papa ce que maman lui refuse...
Quand il réussit à faire croire à ses parents
    qu'ils ne sauront jamais l'élever...

Quand Jacinthe prend conscience
    qu'elle n'existe que pour les autres
    et qu'elle se redit qu'on lui a volé sa vie...
Quand Olivier se sent dépassé par la tâche
    et qu'il doit mettre de côté ses projets les plus chers...

Quand l'enfant se mesure aux autres de son âge
    et qu'il ne peut avoir les mêmes jouets...
Quand il réclame ce qu'on voudrait bien lui donner
    mais qu'on ne peut lui offrir, faute d'argent...

Quand, entre les époux, la communication
    devient plus difficile...
Quand ils doutent de leur amour...
Quand l'enfant est témoin d'une querelle entre ses parents...
Quand il en vient à se demander:
    «Mes parents divorceront-ils?»...

> En toutes ces blessures, en toutes ces brisures et en tant d'autres, de quel Dieu les époux sont-ils les témoins?

DIEU, L'ÉGLISE ET LES BAPTISÉS UNIS POUR LA VIE À L'ŒUVRE DANS LE SACREMENT DU MARIAGE...

Dieu porte aux époux un amour de prédilection...

Jadis, en Palestine...

■ Par Jésus de Nazareth qui rappelle que l'homme et la femme sont, depuis l'origine, la vivante image du Créateur, Dieu reconnaît, dans l'amour qui unit le couple, quelque chose de son amour infini. (*Mt* 19,4)

■ En Jésus de Nazareth qui, participant à des noces à Cana de Galilée, accomplit le signe du changement de l'eau en vin, Dieu se réjouit du projet de vie des nouveaux époux. (*Jn* 2,1-12)

■ Dieu redit au cœur des époux la parole de Jésus de Nazareth: «Ainsi donc l'homme quittera son père et sa mère, et les deux ne feront qu'une seule chair. Ainsi, ils ne sont plus deux, mais une seule chair. Eh bien! ce que Dieu a uni, l'homme ne doit point le séparer.» (*Mc* 10,7-9)

Aujourd'hui, dans le sacrement du Mariage...

■ Dieu préside à la rencontre du couple et bénit l'amour qui unit l'homme et la femme dans une vie commune. Quand deux baptisés se marient, Dieu, en quelque sorte, célèbre ses noces avec l'humanité qu'il convoque encore et toujours à l'alliance avec lui.

■ Dieu est présent à la vie du couple, à ses joies, à ses peines, à ses efforts, à sa croissance, à ses échecs... Sa présence est agissante. Il bénit le projet des époux qui se réalise différemment tout au cours de l'existence humaine.

■ Dieu appelle le couple à la communion, et bénit la fidélité des époux tout au cours de leur vie.

Dans ce sacrement, Dieu dit à l'homme et à la femme: «Mon amour créateur et sauveur, ma fidélité généreuse, ma volonté de donner et de recevoir passent en vous. Ne craignez pas: je suis avec vous tout au long de votre vie».

L'Église a toujours porté attention aux époux chrétiens...

Déjà, au début de l'ère chrétienne, le mariage était reconnu comme évocateur et comme signe de l'alliance qui unit le Christ à son Église. Dans son épître aux Éphésiens, saint Paul accorde au mariage des chrétiens une signification particulière. Tout en conservant les rites laïques du mariage, sans même y ajouter une bénédiction, il reconnaît cet état de vie comme un «un grand mystère qui concerne le Christ et l'Église» (*Ép* 5,32).

Jusqu'au IIIe siècle, la célébration du mariage entre les baptisés est la même que celle de tout autre mariage. Comme dans tout mariage civil, les époux chrétiens signent un contrat, échangent leurs consentements. Ils n'ajoutent aux cérémonies du mariage que le sens chrétien de cet état de vie assumé sous le regard de Dieu. Cependant, au cours des trois premiers siècles le père de famille bénit les nouveaux époux et, dans les groupes clandestins où un prêtre ou un évêque peut être invité aux noces à titre d'ami, il arrive que ce dernier bénisse les époux après le père de famille. Il arrive aussi que le pasteur les bénisse en remplaçant le père dans le cas où les époux sont orphelins.

Au début du IIIe siècle, Tertullien, un Père de l'Église, affirme que le couple et la famille sont la plus petite église, une église domestique. La famille est un lieu où l'on prie et où l'on communie au pain de vie.

Dès la fin du IVe siècle, la bénédiction prononcée occasionnellement jusque-là par l'évêque ou le prêtre devient un geste liturgique. Et, à partir du VIIe siècle, on retrouve certains textes de ces bénédictions dans les livres liturgiques. On les prononce cependant uniquement après le mariage coutumier. Cela indique bien que l'Église accueille le mariage déjà fait qui, lui, est régi par les lois civiles. Outre cette bénédiction, on voit apparaître certains autres rites qui s'ajoutent aux usages profanes dans la célébration du mariage entre baptisés. En Orient, on couronne les époux. En Occident, particulièrement à Rome et à Milan, on remet le voile à la jeune épousée.

Le XIe siècle marque un tournant dans l'histoire du mariage chrétien. C'est au cours de ce siècle que l'Église exige de recevoir l'engagement mutuel des époux. Au cours de ce siècle, on adopte des formules d'engagement et le rite de la remise des anneaux. La plupart du temps, l'engagement des époux se prend devant la porte de l'église dans laquelle les époux n'entreront que pour participer à l'eucharistie et recevoir la bénédiction nuptiale.

Au XIIe siècle, le mariage des chrétiens est compté parmi les sacrements de l'Église. Au XIIIe, Thomas d'Aquin définit ce sacrement comme étant «la communion de vie et de projet inauguré par le consentement». Et au XVIe siècle, le concile de Trente déclare «nul tout mariage qui ne serait pas contracté en présence du curé ou d'un prêtre délégué et de deux témoins».

Jusqu'au XXe siècle, le mariage est souvent vu comme un remède à la concupiscence: c'est ce qu'avait enseigné Augustin au IVe siècle. La procréation était le but principal et primordial du mariage comme en fait foi l'encyclique *Casti conubii* de Pie XI en 1930. Il faudra attendre le concile Vatican II pour affirmer que l'amour mutuel des époux est constitutif du mariage de telle sorte que la procréation en est comme l'aboutissement normal.

Dans ce sacrement, l'Église dit aux époux chrétiens: «Votre liberté vous a conduits à vous choisir l'un l'autre pour vous aimer tout au long de votre vie. En tant qu'époux et parents, vous participez au ministère de l'Église qui est de faire grandir des humains dans la foi. Souvenons-nous ensemble que Dieu choisit son Église librement et qu'il l'appelle à le choisir, lui le Dieu fidèle qui veut la vie de l'humanité.»

Les époux ont une vocation particulière...

Dans le choix librement consenti qu'ils font l'un de l'autre, les époux témoignent de la liberté de Dieu qui choisit d'aimer tous les humains.

Dans la fidélité à leurs promesses et à leurs engagements, les époux témoignent de la fidélité de Dieu qui ne se détourne jamais des humains qu'il a créés.

Dans la fécondité qui est leur, les époux témoignent de la fécondité de Dieu qui appelle sans cesse à la vie.

Dans leur vocation de parents chrétiens, les époux témoignent de la paternité de Dieu qui veille à la croissance de ses enfants et accompagne leur cheminement.

Dans ce sacrement, les époux disent: «Donnons-nous l'un à l'autre pour nous aimer et nous donner ensemble à celles et ceux que Dieu nous confie de conduire vers lui. Gardons-nous dans l'amour, dans la fidélité, dans le respect tout au long de notre vie. Soyons artisans de communion dans notre couple et dans notre famille, dans l'Église, dans le monde. Soyons artisans de communion avec Dieu.»

Seigneur mon Dieu,
tu as créé la personne humaine.
Tu l'as créée vivante image de toi
au masculin et au féminin.
Accorde aux hommes et aux femmes
qui s'unissent dans le mariage
d'être cette image de toi
dans l'amour créateur qui les habite
et qu'ils vivent à la face du monde.

Regarde les fiancés.
Leur projet s'inscrit dans celui
que tu caresses: qu'ils avancent dans la confiance
vers le don d'eux-mêmes.
Qu'ils soient l'un pour l'autre
témoin de l'Alliance que tu proposes à chaque personne,
à ton Église,
au monde.
Que la jeunesse de leur amour soit porteuse d'espérance!

Regarde les époux.
Ils apprennent jour après jour les joies et les difficultés
de la liberté qui devient service,
de la fidélité qui devient communion,
de la fécondité qui devient vie,
de la durée qui devient don et pardon.
Relève-les quand ils courbent sous le fardeau.
Révèle-leur la grandeur et la dignité de leur amour
pour qu'ils annoncent ta bonté et ta tendresse.

Regarde toutes ces personnes qui se consacrent
à accompagner les fiancés, les époux, les parents
dans leur vocation si belle et si importante.
Regarde ces personnes qui compatissent à la douleur
des couples blessés.
Regarde aussi celles qui aident les couples heureux
à partager leur bonheur.
Regarde encore celles qui croient au ministère
parental et conjugal
et qui font confiance aux époux et aux parents
dans l'aventure du devenir chrétien de la famille.

Regarde les familles depuis les arrière-grands-parents
jusqu'aux arrière-petits-enfants.
Comble-les de tes bénédictions
pour qu'elles te bénissent à leur tour.
Amen.

POUR LES BAPTISÉS EXERÇANT UN MINISTÈRE ORDONNÉ

L'ORDRE

Il en institua douze pour être ses compagnons et pour les envoyer prêcher.

Mc 3,14

LE SACREMENT AU SERVICE DE LA VIE CHRÉTIENNE

Dans un petit groupe de partage de foi, un des participants propose qu'on réfléchisse ensemble sur les sacrements de la vie chrétienne. Le groupe est intéressé par le projet. Cependant, Louise demeure un peu perplexe et questionne: «Nous n'aurions que six rencontres: une sur chacun des sacrements?»

Ce à quoi un membre du groupe réagit: «Louise, n'y a-t-il pas sept sacrements?»

Louise accueille cette réaction et pousse un peu plus loin son idée: «Je sais bien qu'il y a sept sacrements. Mais il y en a un qui n'est pas pour nous. Nous sommes des laïcs. Il n'y a pas de prêtre parmi nous. En quoi cela pourrait-il nous aider de réfléchir et de partager sur le sacrement de l'ordre?»

C'est alors qu'une jeune grand-mère, habituellement plutôt silencieuse, prend la parole: «Mais, Louise, d'où crois-tu que viennent les prêtres? N'est-ce pas de nos familles? Il me semble que nous pourrions en parler.»

Après un moment, Louise acquiesce: «C'est vrai. Et puis, il faudrait bien réfléchir sur leur rôle particulier dans l'Église. Après tout, ils sont si souvent au service des membres de la communauté chrétienne.»

Et c'est ainsi qu'après un moment d'échange, le petit groupe de partage de foi décide de ce qui fera l'objet de ses prochaines rencontres.

Les diacres, les prêtres, les évêques que nous connaissons nous apprennent-ils quelque chose

— de nous-mêmes?
— des relations entre les personnes?
— de la vie humaine?
— de Dieu?

Le sacrement de l'ordre peut-il nous concerner, nous qui ne sommes ni diacre, ni prêtre, ni évêque?

Qu'on nous considère donc comme des serviteurs du Christ, et des intendants des mystères de Dieu.

1 Co 4,1

Le Christ, que le Père a sanctifié et envoyé dans le monde (cf. Jn *10,36), a rendu participants de sa consécration et de sa mission les Apôtres et, par eux, les évêques, leurs successeurs; ceux-ci à leur tour ont légitimement transmis dans l'Église, selon divers degrés et à des sujets différents, la charge pastorale qui leur incombait. Ainsi le ministère ecclésiastique institué par Dieu est-il exercé, en divers ordres, par ceux qui déjà dans l'antiquité sont appelés Évêques, Prêtres, Diacres.*

Lumen Gentium, art. 28

POURQUOI CÉLÉBRER LE SACREMENT DE L'ORDRE?

■ *Pour que soit confié à certains le ministère de la communion*

Célébrer le sacrement de l'ordre, c'est reconnaître le Christ comme prêtre unique dont le sacerdoce est porté par toute la communauté des chrétiennes et chrétiens. C'est du même coup affirmer le ministère de la communion confié dans l'Église à certains baptisés. Ceux-là, les évêques, les prêtres et les diacres, qui demeurent disciples parmi les disciples et frères de tous les autres baptisés, sont en quelque sorte mis à part pour rassembler l'Église dans la communion fraternelle au Christ Seigneur.

Ainsi, les ministres ordonnés le sont pour rassembler les chrétiennes et chrétiens en communauté fraternelle de foi, d'engagement et de célébration. L'Évêque exerce ce ministère dans une Église particulière qu'on nomme souvent Église diocésaine. De même, avec ses frères du collège épiscopal, en union avec l'Évêque de Rome, il porte le souci de l'unité entre toutes les Églises. C'est en union avec leur évêque que les prêtres et les diacres sont aussi ministres de la communion entre les baptisés qui, à leur tour, doivent collaborer à faire advenir cette communion qui caractérise l'Église.

> *Le pain que nous rompons, n'est-il pas communion au corps du Christ? Parce qu'il n'y a qu'un seul pain, à plusieurs nous ne sommes qu'un seul corps, car tous nous participons à ce pain unique.* (*1 Co* 10,16-17)

■ *Pour que soit confié à certains le ministère du témoignage apostolique*

Le Seigneur ressuscité est bien vivant au milieu de celles et ceux qu'il reconnaît aujourd'hui pour ses disciples. C'est lui qui les garde dans la communion. La foi en la présence toujours actuelle du Ressuscité repose sur les apôtres qui, après quelques femmes, en ont été, aux origines de l'Église, les témoins. La mission de prêcher la Bonne Nouvelle confiée par le Christ à ses apôtres est assumée par leurs successeurs. Ainsi l'Église est apostolique. Elle repose sur la foi des apôtres.

Les évêques à qui la charge de la Tradition apostolique est confiée exercent le ministère de la transmission de ce témoignage de foi. À ce titre, ils sont garants de l'apostolicité de l'Église. Bien plus, ils sont au service de cette apostolicité. Leur sont unis dans cette tâche du témoignage apostolique les prêtres et les diacres qui avec eux sont responsables de garder vivante la Parole dans la communauté ecclésiale. Avec ces ministres ordonnés et au titre de leur baptême, l'ensemble des chrétiennes et chrétiens doivent aussi porter le souci de demeurer fidèles à la foi des apôtres et d'en rendre compte afin qu'elle soit transmise de génération en génération.

> *Dieu l'a ressuscité, ce Jésus; nous en sommes tous témoins.* (*Ac* 2,32)

■ *Pour que soit confié à certains le ministère de la présidence au nom du Christ*

Quand la communauté chrétienne se rassemble, c'est au nom du Seigneur qu'elle le fait. Elle meurt pour ainsi dire à elle-même pour entrer dans l'action du Christ. Ainsi dans le baptême d'un nouveau membre, c'est toute la communauté qui agit mais elle le fait en tant qu'un seul corps dont la tête est le Christ. Le ministre du baptême, celui qui le préside, agit au nom du Christ, Tête du corps. C'est pour cela qu'il dit «Je te baptise» et non pas «Nous te baptisons». De même, dans le sacrement de l'eucharistie, c'est parce qu'il agit au nom du Christ que le ministre peut dire: «Ceci est mon corps [...] ceci est mon sang».

Le ministre ordonné, l'évêque, puis le prêtre et le diacre, n'est pas d'abord le serviteur de la communauté. Avant tout, il est serviteur du Seigneur. Il manifeste que la communauté Église est le corps du Christ; en même temps, il exprime symboliquement que le Christ est Tête de ce corps. Son ministère consiste à convoquer l'Église au nom du Christ et à l'envoyer dans le monde toujours au nom du Christ. Dans leur ministère de présidence, l'évêque et le prêtre rappellent que le Christ continue à agir et qu'il est le seul Seigneur de l'Église et du monde.

> *Vivant selon la vérité et dans la charité, nous grandirons de toutes manières vers Celui qui est la Tête, le Christ, dont le Corps tout entier reçoit concorde et cohésion par toutes sortes de jointures qui le nourrissent et l'actionnent selon le rôle de chaque partie, opérant ainsi sa croissance et se construisant lui-même, dans la charité.* (*Ép* 4,15-16)

Par l'Esprit Saint, le Christ continue à appeler des ministres ordonnés à le représenter. Il leur confie, comme à ses ambassadeurs, de proclamer son message de réconciliation. Il les donne comme guides et enseignants à son Église. Il leur confie de rassembler et de conduire le peuple de Dieu dans l'attente du Royaume à venir.

La fonction spécifique du ministère ordonné est de rassembler et de construire le corps du Christ, par la proclamation et l'enseignement de la Parole de Dieu, par la célébration des sacrements et par la direction de la vie de la communauté dans sa liturgie, sa mission, sa diaconie. (Document du Conseil œcuménique des Églises, *Baptême, eucharistie, ministères*)

Que penser de ces raisons?

Y en aurait-il d'autres?

UN DIALOGUE IMPORTANT AUTOUR DE CERTAINS SYMBOLES

— Pourquoi l'évêque porte-t-il une mitre? C'est un bien drôle de chapeau...

— Peut-être bien parce que, le jour de son ordination épiscopale, il a été coiffé du plus sérieux chapeau qui soit: l'Évangile.

— Et le prêtre... et le diacre, pourquoi portent-ils des vêtements différents quand ils président une célébration ou qu'ils proclament la Parole?

— Peut-être bien parce qu'ils n'agissent pas en leur nom mais au nom de celui qui leur confie d'agir: le Christ Seigneur.

Tout en demeurant membre de l'assemblée, le ministre est aussi cet envoyé qui signifie l'initiative de Dieu et le lien de la communauté locale avec les autres communautés dans l'Église universelle.

Groupe des Dombes

DIEU, L'ÉGLISE ET LES BAPTISÉS ORDONNÉS À UN MINISTÈRE À L'ŒUVRE DANS LE SACREMENT DE L'ORDRE

Dieu porte aux ministres ordonnés un amour de prédilection

Jadis, en Palestine...

■ Par Jésus de Nazareth, Dieu a choisi des apôtres pour annoncer l'Évangile... (*Mc* 3,14)

■ En Jésus de Nazareth, Dieu a invité les apôtres au service des autres... (*Jn* 13,12-17)

■ Par la bouche de Jésus de Nazareth, Dieu a appris aux apôtres à pardonner... (*Mt* 18,22)

Aujourd'hui, dans le sacrement de l'ordre...

■ Dieu appelle des personnes qu'il investit d'un charisme particulier à devenir ministres de la Parole et de la communion...

■ Dieu les invite à être les ministres qui rassemblent l'Église pour ensuite l'envoyer dans le monde afin qu'elle agisse à la manière de Jésus en faveur des pauvres, des blessés, des exclus...

■ Dieu leur confie le ministère particulier du pardon et de la réconciliation...

Dans ce sacrement, Dieu dit: «Librement, je te choisis et t'investis d'un ministère: celui d'aider les baptisés à accomplir les divers services que je leur confie. Tu demeures un frère parmi mes disciples. Avec eux, tu participes au sacerdoce de mon Fils, seul Médiateur entre moi et le monde: tu es membre de la communauté. Cependant, à un titre particulier, tu rappelles que je descends dans l'Église pour la donner au monde: tu es l'autre, le mis-à-part de la communauté. Tu présides à son organisation, à sa sanctification, à son gouvernement pour qu'elle soit dans le monde sacrement du salut.»

L'Église a toujours porté attention à ses ministres ordonnés...

Depuis les tout débuts de l'Église, plusieurs services et ministères sont exercés par certains baptisés. Les épîtres de Paul témoignent de la façon dont ils sont organisés. Lui qui écrivait aux Corinthiens: «Vous êtes, vous, le corps du Christ, et membres chacun pour sa part» (*1 Co* 13,27), énonce huit ministères en tête desquels il nomme ceux confiés aux apôtres, aux prophètes, aux docteurs chargés d'enseigner.

Plus haut, dans la même lettre, il avait reconnu que l'Esprit confie les ministères «en vue du bien commun» (*1 Co* 12,7) et il les avait regroupés en triades: les dons de sagesse, de science et de foi constituaient les charismes en vue des premiers ministères; les dons de guérison, d'opérer des miracles et de prophétie, en vue des seconds; ceux du discernement des esprits, des langues et de leur interprétation, en vue des troisièmes (*cf. 1 Co* 12,8-10).

S'adressant aux Romains et les exhortant à l'humilité, Paul les avait déjà invités à mettre les charismes reçus au service de la communauté. Ainsi les divers ministères semblent avoir été exercés par ceux qui avaient le don de prophétie, du service, de l'enseignement, d'exhortation (*Rm* 12,6-7). Et le don devait être fait sans calcul; la présidence, exercée avec diligence; la miséricorde, accordée dans la joie (*Rm* 12,8).

Enfin, «en vue de la construction du corps du Christ» (*Ép* 4,12), Paul convie les Éphésiens à agir conformément aux dons reçus du Seigneur. Les ministères des apôtres, des prophètes, des évangélistes, des pasteurs et des docteurs originent de ces dons (*cf. Ép* 4,11).

On le voit: les premières communautés chrétiennes n'étaient pas toutes organisées de la même manière. La diversité des ministères qu'on pouvait y reconnaître avait son fondement dans la multiplicité et la variété des dons de l'Esprit Saint. Quelles tâches précises accomplissaient les chrétiens dotés d'un charisme particulier? Cela correspondait-il à des ministères permanents et institutionnels? Il est difficile d'en juger. Ce qui est acquis, c'est que tous les services et ministères sont accomplis par les membres d'un seul corps: celui du Christ. Que les ministères concernent l'annonce de la Parole, qu'il regardent la direction de la communauté ou encore les services mutuels d'entraide, ils sont toujours accomplis en fidélité au même Esprit qui agit en tous.

C'est à Ignace d'Antioche qu'on doit de connaître l'organisation hiérarchique des ministères ordonnés en place dans les églises particulières du début du deuxième siècle. Dans son exhortation aux Smyrniotes, il écrit: «Que personne ne fasse en dehors de l'évêque, rien de ce qui regarde l'Église.» Puis, il recommande de suivre l'évêque «comme Jésus Christ suit son Père», de suivre les prêtres comme les apôtres et de respecter «les diacres comme la loi de Dieu». Dès lors, les degrés du ministère ordonné sont connus: l'épiscopat, le presbytérat et le diaconat. Seul, cependant, l'évêque — ou les prêtres délégués par lui — peut présider l'eucharistie.

Dès le IIIe siècle, la *Tradition apostolique* attribuée à Hippolyte de Rome permet de connaître le rituel de l'ordination des évêques, des prêtres et des diacres. L'évêque choisi par la communauté chrétienne est ordonné par l'imposition des mains d'un autre évêque. Le prêtre, lui, se voit imposer les mains par un évêque et par les autres prêtres. Quant au diacre destiné à servir l'évêque, il reçoit cette imposition de lui seul.

Au IVe siècle, l'Église connaît de grands évêques: Ambroise de Milan, Basile de Césarée, Grégoire de Nysse, Grégoire de Naziance, Jean Chrysostome, non le moindre, Cyrille de Jérusalem, Hilaire de Poitiers, Martin de Tours et le grand saint Augustin, évêque d'Hippone... C'est au cours des IVe et Ve siècles que naissent les paroisses rurales dont la charge est confiée aux prêtres alors que l'évêque, lui, réside à la ville.

À partir du VIe siècle, le prêtre est comparé à un seigneur. Il doit prêter serment au seigneur féodal. Quant à l'évêque qui, depuis cette époque, reçoit la crosse et l'anneau davantage signes du pouvoir que du service, il doit, au cours du Moyen Âge, se soumettre à l'empereur. Le onzième siècle réagira contre cette soumission du pouvoir spirituel au pouvoir temporel; il réagira aussi contre les abus consistant à confier l'exercice du ministère à ceux qui étaient riches et contre un certain relâchement des mœurs des ministres du culte. Car il faut remarquer que, considérant l'évangélisation accomplie, les prêtres se consacrent davantage aux tâches cultuelles. Sous le pontificat de Grégoire VII, le célibat des prêtres devient obligatoire. La vie monastique devient un idéal et un grand nombre de moines sont ordonnés prêtres. À l'époque où se construisent les cathédrales (XIIIe siècle), les franciscains et les dominicains remplacent les prêtres séculiers dans les tâches apostoliques, surtout dans le ministère de la Parole.

Au XVIe siècle, force est d'admettre que le clergé séculier est coupé du peuple des baptisés. Luther entreprend une réforme et affirme l'unique sacerdoce accordé dans le baptême. Il ne reconnaît pas le sacrement de l'ordre. Le concile de Trente (1563) réagit contre cette réforme protestante. Il définit le caractère sacerdotal du ministère presbytéral. Il atteste que l'Église peut et doit ordonner des ministres dont l'existence et l'autorité ne viennent pas du peuple chrétien. C'est à partir de ce concile, avec la promulgation d'un décret portant sur les séminaires qu'une attention spéciale est portée à la formation spirituelle des futurs prêtres. On voit alors naître et grandir un courant de spiritualité où s'inscrivent les ministres ordonnés, jusqu'au concile Vatican II.

Ce dernier concile affirme, dans la foulée de la 1re épître de Pierre, que l'Église est tout entière sacerdotale (*1 P* 2,5-9). Cependant, il reconnaît aussi que si tous les baptisés participent à l'unique sacerdoce du Christ, certains d'entre eux participent au sacerdoce hiérarchique, ministériel. Ils sont ordonnés au service de l'ensemble.

Ainsi, «la consécration épiscopale confère avec la charge de sanctifier, celle d'enseigner et de gouverner [...] par l'imposition des mains et par les paroles de la consécration, la grâce de l'Esprit Saint est conférée [...] de telle sorte que les évêques tiennent, de façon éminente et visible, la place du Christ lui-même, Maître, Pasteur et Pontife, et agissent à sa place» (*Lumen Gentium*, art. 21). Les évêques, les épiscopes — ceux qui «veillent sur» — sont les successeurs des Apôtres. Leur ministère, ils l'exercent en communion les uns avec les autres et particulièrement «avec l'Évêque de Rome, dans le lien de l'unité, de la charité et de la paix» (*Lumen Gentium*, art. 22), afin de guider le peuple de Dieu, comme un pasteur son troupeau.

Le deuxième degré du sacerdoce ministériel, le presbytérat, est aussi défini par Vatican II qui consacre un décret au ministère et à la vie des prêtres. Ces derniers sont «les coopérateurs de l'ordre épiscopal dans le bon accomplissement de la mission apostolique confiée par le Christ». Ainsi, les prêtres, en communion à leur évêque, participent à la construction, à la sanctification et au gouvernement du corps Église. Ils sont d'abord ordonnés «pour rendre gloire à Dieu dans le Christ». Dans leur prière, dans l'évangélisation qui leur est confiée, dans la présidence de l'eucharistie et la célébration des autres sacrements, dans leur service des personnes, ils doivent tenir ensemble cette responsabilité de glorifier le Seigneur et celle de faire avancer les humains dans la vie chrétienne (*Presbyterorum Ordinis*, art. 2).

Quant à l'ordre des diacres, il est institué non pas en vue du sacerdoce presbytéral ou épiscopal mais du service. Par l'imposition des mains de l'évêque, les diacres, «de concert avec l'évêque et son presbytérium, servent le peuple de Dieu» dans la liturgie, la prédication, l'accomplissement de la charité (*Lumen Gentium*, art. 29).

Quoi qu'il en soit, Vatican II rappelle que ces ministères ordonnés ne peuvent réduire le sacerdoce baptismal à la non-responsabilité. Dès que l'Église se reconnaît comme peuple de Dieu, elle engage, du même coup, tous ses membres à participer activement à sa vie et à sa croissance de même qu'à la vie et au devenir d'un monde meilleur.

Il revient aux évêques, aux prêtres, aux diacres d'en tenir compte. Il revient à toute chrétienne et à tout chrétien de faire en sorte que la réalité de l'Église tout entière ministérielle soit perçue. Alors seulement, l'Église pourra être dite en vérité sacrement du salut.

Dans ce sacrement, l'Église dit aux ministres qu'elle ordonne: «Évêque, prêtre, par l'imposition des mains, je vous confie la charge de faire en sorte que la mission dévolue aux disciples du

Christ continue de s'accomplir. Dans le peuple des baptisés, vous agirez désormais au nom du Christ, Tête du corps où chaque membre exerce une fonction. Diacre, par l'ordination qui t'est conférée, tu deviens symbole vivant du Christ qui s'est fait serviteur de tous.»

Le ministre ordonné a une vocation particulière...

Dans la réponse qu'ils font à l'appel de Dieu et de l'Église, les évêques deviennent des surveillants, des épiscopes; leur ministère consiste particulièrement à veiller sur les baptisés afin que ces derniers creusent en eux un espace pour Dieu et qu'ils deviennent toujours davantage ses filles et ses fils dans la communauté-Église et dans la fraternité universelle.

Avec les évêques, les prêtres se font vigilants pour révéler, dans les gestes qui baptisent, consacrent, pardonnent, unissent et apaisent, l'Amour plus grand que leurs gestes et leurs paroles.

Dans ce sacrement, les évêques et les prêtres disent: «Nous sommes disciples parmi les disciples du Christ et cela nous est grâce; nous sommes aussi pasteurs dans l'Église donnée au monde par Dieu et cela nous est charge. Nous n'agissons pas en notre nom mais au nom du Christ qui appelle à la foi, à la vie fraternelle et évangélique, au service de Dieu dans le monde, à la célébration de Dieu dans la vie humaine. Nous acceptons la mission que le Christ nous confie d'appeler les humains à la sainteté.»

Le diacre, lui, accepte de servir l'Église, sous la présidence de l'évêque.

Dans ce sacrement, il dit: «Je demeure disciple parmi les disciples du Christ. J'accepte le ministère particulier d'annoncer la Parole et de servir dans la concorde au nom du Christ qui s'est fait le serviteur de tous.»

D'autres ministères que ceux de l'épiscopat, du presbytérat et du diaconat existent dans l'Église. Aux titres de leur baptême et de leur confirmation, femmes et hommes peuvent les accomplir. Ces ministères ne sont pas ordonnés; ils peuvent être institués. Celles et ceux qui en ont charge sont toujours en communion avec l'évêque et son presbytérium. Ainsi certains membres du peuple des baptisés peuvent être choisis pour assurer le service de la Parole, celui de la prière communautaire, celui de l'enseignement, celui du service des pauvres...

Dans l'exercice de ces divers ministères, comme dans celui des ministères ordonnés, il leur faut se souvenir que nul ne peut prendre prétexte de la charge qui lui est confiée pour oublier qu'il est d'abord et avant tout disciple du Christ: disciple appelé à la conversion, disciple appelé à la communion.

Seigneur mon Dieu,
regarde ceux que tu as choisis dans ton Église
pour présider au ministère de la communion.
Ton regard bienveillant,
pose-le d'abord sur nos évêques
qui rassemblent dans l'unité les baptisés
des Églises particulières
pérégrinant en divers lieux et aux divers âges du monde.
Parmi eux, bénis d'une bénédiction toute spéciale
l'évêque de Rome qui, le premier, a souci
de toutes les Églises.
Assure aussi aux prêtres, aux diacres
et à toute personne officiellement chargée d'un ministère
de promouvoir et de garder la communion ecclésiale
en mémoire de ton Fils Jésus qui t'a prié en disant:
«que tous soient un [...]
afin que le monde croie
que tu m'as envoyé» (*Jn* 17,21).

Père, accorde à ces artisans de la communion
de porter jusqu'aux confins de la terre et de l'histoire
le témoignage des Apôtres.
Que les évêques portent la Parole de vie,
la Parole qui donne vie,
la Parole qui invite à donner sa vie.
Ils ont reçu la charge de la Tradition.
Que, solides comme les colonnes du Temple,
ils gardent vivante cette Tradition venue des Apôtres:
Tradition de foi ouvrant à l'espérance et s'exprimant
dans la charité.
Qu'ils trouvent dans les prêtres et les diacres
mais aussi parmi l'ensemble du peuple chrétien
des collaboratrices et collaborateurs fidèles

qui se souviennent de la réponse de Pierre à Jésus
au lendemain de la multiplication des pains:
«À qui irions-nous, Seigneur?
Tu as les paroles de la vie éternelle.
Nous, nous croyons,
et nous avons reconnu
que tu es le Saint de Dieu.» (*Jn* 6,68-69)

Le peuple que tu te choisis, ton Église,
n'agit pas en son nom.
Il agit au nom de celui qui le rassemble
et guide sa marche vers toi: Jésus le Ressuscité.
Oui, Seigneur, ton Église est dépossédée de sa propre action
pour entrer dans celle du Christ.
Donne à ceux qui exercent le ministère
de la présidence ecclésiale
— les évêques et les prêtres —
de manifester la prière de la communauté des baptisés
comme unique prière du Christ.
Donne-leur de célébrer et d'agir de telle manière
que l'Église reconnaisse l'action permanente du Christ
qui baptise, confirme, rend grâce, pardonne,
unit en mariage, impose les mains, relève de la mort.
Accorde à ton peuple qui est aussi corps du Christ
de mieux comprendre sa promesse:
«Tout ce que vous demanderez au Père en mon nom,
il vous l'accordera.» (*Jn* 15,16)

Oui, Seigneur mon Dieu,
donne à ceux que tu institues ministres en ton Église
de vivre au mieux leur fonction de serviteurs.
Qu'ils n'oublient jamais leur dignité de disciples du Christ

qui les appelle et les convie
à ton service et à celui de la communauté.
Qu'ils manifestent sans cesse ta prévenance
et que dans la communion de tous les baptisés,
ils témoignent de la primauté
du seul Ressuscité, prêtre pour l'éternité.

Amen.

L'EUCHARISTIE

Chaque fois que vous mangez ce pain et buvez à cette coupe, vous annoncez la mort du Seigneur jusqu'à ce qu'il vienne.

1 Co 11,26

L'EUCHARISTIE SACREMENT DES MINISTÈRES

Voici un troisième chapitre consacré à l'eucharistie. Il convient de nous en expliquer. Si en effet l'eucharistie est la source, le sommet mais aussi le centre de la vie des disciples de Jésus, ce sacrement mérite qu'on l'approfondisse sous plusieurs aspects.

Déjà, nous avons voulu le considérer comme ce qu'il est d'abord: un des sacrements de l'initiation chrétienne. Par ce sacrement, la personne baptisée est accueillie à la table de famille de l'Église pour y célébrer la Pâque du Seigneur. Nous avons aussi dit de l'eucharistie, sacrement réitérable entre tous, qu'elle est sacrement de l'itinérance chrétienne, sacrement d'une nourriture qui apaise la faim et fortifie pour la route jusqu'à l'ultime moment de la mort où le chrétien se remet à Dieu.

«L'eucharistie contient tout le trésor spirituel de l'Église, c'est-à-dire le Christ lui-même, lui notre Pâque, lui le pain vivant, lui dont la chair vivifiée par l'Esprit Saint et vivifiante donne la vie aux hommes les invitant et les conduisant à offrir, en union avec lui, leur propre vie, leur travail, toute la création[22].» Offrir sa vie pour le service de Dieu, faire monter vers lui la louange, accomplir dans le monde sa part de travail pour que les humains soient plus heureux, faire en sorte que se réalise le projet de Dieu parce qu'on s'engage à la suite du Christ dont on fait mémoire, voilà bien qui permet de considérer l'eucharistie comme sacrement qui relie et unifie les divers ministères nécessaires à l'Église. À ce titre, l'eucharistie est sacrement des ministères dans l'Église qui se veut toujours davantage communautaire et missionnaire.

22. Paul VI, Décret conciliaire, *Presbyterorum Ordinis*, art. 5.

Quelle est notre expérience de l'eucharistie comme sacrement des ministères?

■ *L'eucharistie: repas du souvenir*

Un repas qui en évoque un autre

Quand, après la mort d'une personne aimée et influente, des gens se rassemblent pour partager un repas, il arrive souvent qu'ils évoquent le souvenir de cette personne. Surtout quand ils se nourrissent des mets qu'elle mangeait. Encore plus, quand l'un ou l'autre des convives pose un geste que le défunt faisait ou qu'il répète une parole déjà dite par lui. Il devait en être ainsi des disciples qui, après un certain Vendredi, refaisaient le Repas de Seigneur.

Avec les premiers chrétiens qui se joignaient à eux au sein de la communauté primitive, ils se souvenaient de Jésus qui, à la veille de mourir, leur avait tenu, au cours de son repas d'adieu, un discours dont il était difficile de comprendre le sens. Ce soir-là, Jésus leur avait révélé de quel amour il les aimait; il leur avait dit qu'il voyait approcher l'heure ultime où on allait se saisir de lui pour mettre fin à son message, à son action, à sa vie. Il ne restait pas, lui, comme ses apôtres, à la surface du mystère. Au contraire, il acceptait d'aller jusqu'au bout pour accomplir le service, le ministère que lui avait confié le Père. Pour être fidèle à sa mission, il acceptait de donner sa vie. (*Jn* 10,18)

L'eucharistie: pain et vin du souvenir

Depuis les origines de l'Église, chrétiennes et chrétiens se rassemblent en souvenir de Jésus. Ils partagent un même pain, une même coupe après s'être rappelé ce que disait et faisait Jésus, ce qui le faisait vivre.

C'est au cours d'une longue action de grâce, semblable à celle de Jésus, au soir du Jeudi saint, qu'ils célèbrent ce repas. L'eucharistie est enracinée dans la Cène de Jésus, dans cette Cène qui précédait de peu sa passion, sa mort et sa résurrection. Ce n'est d'ailleurs qu'à la lumière de ces événements qu'il nous est donné, comme d'ailleurs aux apôtres, d'entrer dans le sens de ce repas.

■ *L'eucharistie: repas qui est mémoire*

Célébrer l'eucharistie, c'est plus que se souvenir du repas du Seigneur. C'est bien autre chose que de mimer son dernier repas.

L'eucharistie: mémorial de l'événement central du salut

Faire eucharistie, c'est faire mémoire; c'est célébrer le mémorial. Et d'abord, qu'est-ce qu'un mémorial? On pourrait le définir comme étant le rappel d'un événement de salut devant Dieu pour que cet événement porte fruit en notre faveur. Ainsi, célébrer le mémorial de l'eucharistie, c'est, d'une certaine manière, prier Dieu en lui disant: «Seigneur Dieu, ce que ton Fils Jésus a fait lors de son dernier repas, lors de sa passion, de sa mort, de sa résurrection, c'était tellement grand, tellement orienté au salut du monde. Souviens-toi de cela, Père, en accueillant notre action de grâce.»

Dieu ne se souvient pas au passé, il se souvient au présent. C'est un peu cela que les chrétiennes et chrétiens veulent dire quand ils affirment que l'eucharistie, c'est le repas du Seigneur. C'est cela aussi qu'ils entendent quand ils reconnaissent que «le sacrifice de la messe est le même que le sacrifice de la croix». Bien sûr, Jésus est mort et ressuscité une fois pour toutes, mais l'eucharistie, en tant que mémorial, rappelle cela devant Dieu de telle manière que cette action de salut est présente devant lui en faveur des humains de tous les temps.

L'eucharistie: célébration de toute l'Église

Toutes et tous sont les célébrants de l'eucharistie. On n'assiste pas à la messe comme on assisterait à un film ou à un spectacle. On célèbre. C'est une erreur de parler du prêtre comme étant «le célébrant» car cela donne à penser que lui seul célèbre. Il est un des célébrants, un baptisé comme les autres qui quitte sa place parmi le peuple des baptisés pour venir lui faire face lui rappelant ainsi le Christ. Le prêtre est «le président de l'eucharistie». C'est au nom du Christ qu'il est mis à part comme ministre de ce sacrement.

En vertu du sacerdoce baptismal, chaque chrétienne ou chrétien participe activement à cette célébration, suprême profession de foi de toute l'Église, dans l'écoute de la Parole, dans la prière, le chant, la manducation du pain. Il y participe avant d'être envoyé pour accomplir lui-même le ministère dont il peut être investi: celui d'épouse ou d'époux, de parent, d'éveilleur de la foi, de travailleur pour la justice, de promoteur de l'espérance en ce monde saisi entre les bras du Crucifié glorifié.

C'est bien ainsi qu'on peut dire de l'eucharistie que, source, centre et sommet de la vie ecclésiale, elle est, du même coup, sacrement de tous les ministères ordonnés — comme ceux du diaconat, du presbytérat et de l'épiscopat — mais aussi de tous les ministères conférés en vue de l'exercice de la mission ecclésiale.

Seigneur mon Dieu,
lors de son dernier repas avec ses disciples,
ton Fils Jésus faisait mémoire de toi.
Donne-moi, quand je participe à l'eucharistie,
de célébrer les merveilles de ton amour.
À la manière de Jésus,
je veux me souvenir de toi,
Dieu qui, au cours des siècles,
a toujours voulu conduire ton peuple
sur des chemins de libération et de vie.

Souviens-toi, Père, de ta miséricorde et de ta tendresse.
Renouvelle-les en faveur des humains que tu aimes tant.
Suscite en notre monde des Moïse
qui arrachent à la servitude et à l'esclavage
les personnes, les familles, les peuples dominés
par un pouvoir écrasant.
Donne au monde les David dont il a besoin
afin que les nations soient gouvernées
par des femmes et des hommes selon ton cœur.
Envoie des prophètes qui appellent à la justice
et au partage des biens.

Réveille, en ces temps qui sont les nôtres,
des Pierre qui affermissent les autres dans la foi,
des Jean qui attisent le feu de la communion,
des Zachée qui partagent leur avoir,
des Marthe qui accueillent à leur table,
des Marie qui révèlent la résurrection,
des Paul qui évangélisent...
Donne à ton Église, quand elle communie
au corps et au sang du Christ,

d'entendre les appels de son Maître
au service de la vie des autres.

Il n'est pas de meilleure façon de te rendre grâce, Père,
que d'agir à la manière de ton Fils,
en prenant ce qui vient de toi pour l'offrir en partage.
Fortifie, rends à l'allégresse tes filles et tes fils rassemblés
par l'eucharistie.
Qu'ils repartent en plein monde
pour y accomplir, dans leur famille et leur quartier,
dans leur milieu de travail et de loisirs,
dans la société et l'Église,
les services et les ministères que tu leur confies
«pour que les humains aient la vie en abondance» (*Jn* 10,10).

Amen.

POUR QUE VIVE LA VIE DU PEUPLE DES BAPTISÉS

Quand nous rejoignons, au fond de nous-mêmes, ce centre où s'enracine notre vie en Dieu, sa présence nous guérit du narcissisme de la nôtre, en nous faisant naître à la vraie liberté.

M. Zundel

Célébrer les sacrements, c'est entrer en relation particulière avec le Dieu de Jésus Christ. Et cela accorde un sens à l'existence: le sens du salut réalisé et en voie d'accomplissement dans l'aventure humaine de la vie et de la mort. Cette célébration, loin d'être intimiste et isolée, se fait dans la communion des filles et fils de Dieu disposés à l'action de grâce. Vécue en des formes multiples, elle renvoie à des façons diverses d'agir en sœurs et frères des humains pour que soit annoncé le salut. Ainsi, célébrant les sacrements et les mettant en œuvre au cours de toute l'existence concrète, la chrétienne ou le chrétien, de même que l'Église tout entière, sont parfaits progressivement, quoique non exclusivement, par eux.

Le symbole sacramentel est toujours manifestation dans la vie des personnes et de l'Église de la grâce qui guide l'histoire du monde. Cette grâce est partout puisque le Ressuscité est partout présent, lui qui a pris en ses bras ouverts l'humanité entière pour la faire passer avec lui, par lui, en lui, de la mort à la vie.

Les sacrements sont bien des rencontres du Ressuscité dans notre vie. Lui qui avait, au cours de sa vie terrestre, rencontré tant de gens, pour les appeler à vivre et leur donner de cette vie qui jaillissait de lui, continue de le faire aujourd'hui.

Ainsi, rencontrant la Samaritaine, il lui proposait la vie éternelle, vie à laquelle il convie encore aujourd'hui celles et ceux qui entendent en eux le murmure de l'eau vive de leur baptême.

Reconnaissant la conversion de Zachée, il le confirmait, lui et toute sa maison, comme ayant reçu le salut. Il continue de le faire sous mode sacramentel pour celles et ceux qui parviennent à la confirmation.

Comblant la faim de la foule qui le suivait en multipliant pour elle les pains, il apprenait à ses disciples qu'il était lui-même le pain de vie. Aujourd'hui, il rassasie de son corps celles et ceux qui participent à l'eucharistie.

Ne condamnant pas la femme adultère, il la remettait debout et l'appelait à ne plus pécher. Il continue aujourd'hui de relever les pécheurs dans le sacrement du pardon et de la réconciliation.

Guérissant le paralytique, il le rendait à la santé. Il guérit encore de la mort celles et ceux qui reçoivent l'onction des malades.

Se réjouissant du mariage des époux de Cana, il faisait, en leur faveur, un signe qui ne pouvait passer inaperçu. L'Évangile nous dit aussi qu'il appelait à la fidélité les époux unis par Dieu. Encore aujourd'hui, il préside à l'union de la femme et de l'homme dans le mariage.

Choisissant des apôtres et des disciples pour être avec lui, il les envoyait annoncer la Bonne Nouvelle. Aujourd'hui encore, il se choisit des ministres dans le sacrement de l'ordre.

Certes, ces évocations ne prétendent pas prouver que Jésus de Nazareth a institué de façon claire et évidente chacun des sacrements. L'histoire de chacun d'eux esquissée au cours des chapitres de ce livre montre bien que lorsqu'on affirme que les sacrements sont institués par Jésus, on veut dire qu'ils l'ont été par le Ressuscité. En d'autres mots, l'Église, voulant agir à la manière de Jésus, a trouvé la racine des sacrements qu'elle s'est mise à célébrer au cours de son histoire dans la façon d'être de Jésus de Nazareth parmi les gens de son temps. Cette Église donnée par Dieu au monde n'est jamais toute faite; elle est toujours à se faire, à mesure qu'elle est elle-même sacrement du Christ dans le monde. Et elle est maîtresse de ses rites, de la façon dont elle célèbre et confère les sacrements.

Ce qui est certain, c'est que, célébrant les sacrements, cette Église doit épouser les attitudes de Jésus. Il dépassait les apparences et le comportement moral des personnes touchées par sa grâce. Il se situait au cœur de la vie des gens pour les comprendre et compatir à leurs besoins, à leurs souffrances. Il suggérait une voie, une réponse à la quête de bonheur des humains en leur proposant une vie à la lumière des béatitudes. Il donnait son attention, sa sympathie, son écoute à celles et ceux qu'il rencontrait. Il a tout donné de sa vie, il l'a donnée jusqu'au bout pour que vive la vie des siens. C'est cette vie donnée qui transformait les personnes, les régénérait, les libérait, les transfigurait, les sauvait.

Les sacrements sont bien des lieux de la rencontre transformatrice de Dieu dans la vie humaine. À leur manière, ils continuent l'incarnation de celui en qui Dieu se donne pour libérer les croyantes et croyants et pour métamorphoser l'humanité. Certes, Dieu n'est jamais prisonnier de ses sacrements. S'il agit en eux, il agit aussi par d'autres moyens pour rejoindre la personne et les collectivités.

Reste que les sacrements sont pour nous le lieu de l'expérience semblable à celle des disciples d'Emmaüs ayant reconnu leur Seigneur à la fraction du pain. Si cela est vrai, il nous faut aller au bout de l'allégorie et dire que la rencontre du Ressuscité pousse toujours les disciples à reprendre la route pour vivre de cette rencontre et l'annoncer à d'autres qui pourraient bien en vivre aussi. Les sacrements ne sont pas faits uniquement pour être célébrés en un lieu et un temps donnés: ils sont faits aussi pour informer toute la vie chrétienne où s'initient à l'appartenance ecclésiale en vue du Royaume les baptisés, les confirmés, ceux qui participent à la table du Seigneur; où avancent sur la route de la vie les pécheurs qui sont relevés, les malades transpercés par l'aiguillon de la mort, toutes personnes réitérant l'eucharistie; où s'élabore l'ecclésialité des services et des ministères par celles et ceux qui vivent le mariage, par ceux qui reçoivent l'ordre des diacres, des prêtres, des évêques, par le peuple eucharistique faisant mémoire de son Seigneur.

Si, dans leur ponctualité, les sacrements sont de l'ordre non exclusif de la célébration, ils sont aussi, dans leur durée, de l'ordre de la cohérence. Ainsi, c'est toute la vie chrétienne qui est appelée à faire et à être mémoire du Christ Jésus et de sa Pâque; c'est toute cette vie qui fait et est alliance avec le Seigneur, c'est toute la vie chrétienne qui est sacrement pour que vive la vie.

POUR ALLER PLUS LOIN

Béguerie, P. et C. Duchesneau, *Pour vivre les sacrements*, Paris, Cerf, 1989, 220 p.

Bourgeois, H., M. Michel et G. Pinckers, *Confirmation, sacrement pour aujourd'hui*, Paris, Le Chalet, 1982, 96 p.

Camelot, P.-Th., *Spiritualité du baptême*, Paris, Cerf, 1993, 284 p.

Chauvet, L.-M., *Symbole et sacrement*, Coll. Cogitatio Fidei, Paris, Cerf, 1987, 582 p.

Debruynne, J., *Naître*, Paris, Mame, 1977, 110 p.

——, *Eucharistie*, Paris, Mame, 1983, 175 p.

Denis, H., *Sacrements sources de vie*, Coll. Rites et symboles, Paris, Cerf, 1982, 177 p.

Fourez, G., *Les sacrements réveillent la vie*, Paris, Le Centurion, 1982, 156 p.

——, *Les sept sacrements*, Paris, Le Centurion, 1989, 122 p.

Garneau, J.-Y., *Découvrir l'eucharistie*, Montréal, Éditions Paulines et Médiaspaul, 1987, 167 p.

Gondal, M.-L., *Initiation chrétienne*, Paris, Le Centurion, 1989, 117 p.

Groupe des Dombes, *Vers une même foi eucharistique?* Les Presses de Taizé.

——, *Pour une réconciliation des ministères*, Les Presses de Taizé, 1973, 60 p.

Gy, P.M., «La notion chrétienne d'initiation», dans *La Maison-Dieu*, n° 132.

LAMARCHE, D., *Le baptême, une initiation?* Montréal, Éditions Paulines, Paris, Cerf, 1984, 304 p.

——, *L'initiation chrétienne, une prophétie contemporaine*, «Cahier d'études pastorales» n° 3, Montréal, Fides.

——, «Si tous naissent enfants de Dieu, alors, à quoi bon le baptême?», dans *Prêtre et pasteur*, décembre 1985

——, *Lumière pour le monde, l'Église de Jésus Christ*, coll. «Credo de mon existence» n° 5, Montréal, Fides, 1992, 48 p.

LORENZATO, B. et O. PETY, *Sacrements du chrétien*, Paris, Desclée, 1987, 120 p.

MARLÉ, R., *La confirmation*, Paris, Mame, 1990, 63 p.

NADEAU, M.-T., *Le baptême et la confirmation*, Sainte-Foy, Anne Sigier, 1993, 204 p.

——, *Choisir la vie: l'onction des malades*, Sainte-Foy, Anne Sigier, 1995, 155 p.

——, *Les sacrements. Approche théologique pour aujourd'hui*, Sainte-Foy, Anne Sigier, 1991.

——, *Redécouvrir le mariage*, Sainte-Foy, Anne Sigier, 1991, 142 p.

——, *Une histoire à connaître: la pénitence-réconciliation*, Sainte-Foy, Anne Sigier, 1993, 145 p.

PELCHAT, M., M. VIAU *et al.*, *Des gestes d'amour*, Montréal, Éditions Paulines, 140 p.

SCHOLTUS, R., *Les sacrements source de vie*, Paris, DDB, 1990, 95 p.

SESBOUÉ, B., *N'ayez pas peur! Regards sur l'Église et les ministères aujourd'hui*, Paris, DDB 1996, 179 p.

TALEC, P., *Les choses de la foi*, Paris, Le Centurion, 1973, 320 p.

THURIAN, M., *Baptême, eucharistie, ministères*, Conseil œcuménique des Églises, Paris, Le Centurion, 1982, 89 p.

VON ALLMEN, J.J., *Pastorale du baptême*, coll. «Cahiers œcuméniques» n° 12, Fribourg, Éditions universitaires, Paris, Cerf, 1978.

ZUNDEL, M., *Quel homme et quel Dieu?*, Paris, Fayard, 1986, 238 p.

Table des matières

Achevé d'imprimer
en mai 1996
sur les presses de
Imprimerie H.L.N.

Imprimé au Canada – Printed in Canada